# 区块链革命

## 分布式自律型社会出现

〔日〕野口悠纪雄 著 韩鸽 译

人民东方出版传媒
People's Oriental Publishing & Media

东方出版社
The Oriental Press

Not within a thousand years would man ever fly.

Wilbur Wright

即使再过一千年，人类也不可能飞起来！

威尔伯·莱特

## 前言

人们不管面对怎样的新技术，其认知都要经历以下三个阶段。

第一阶段：这种东西肯定是骗人的。如果真有这么厉害的东西，那世界就要颠倒过来了。所以，这肯定是骗人的手段，甚至有可能是恶性诈骗。大概有谁想趁机大捞一笔吧。一旦上当，肯定会倒大霉。老天保佑、老天保佑，聪明人是绝不会插手这种东西的。

第二阶段：说不定发生了什么不得了的事情。如果不能很好应对，将落后于人。思想超前的家伙已经出手了，我也不能坐以待毙。但这么一个来路不明的东西到底是什么呢？

第三阶段：正如我最初所料，这项伟大的技术改变了世界。


1903 年，在美国北卡罗来纳州的基蒂霍克，威尔伯·莱特和奥维尔·莱特两兄弟初次试飞动力飞机获得成功。本书开篇引言，正是距此两年前的 1901 年，在基蒂霍克开往代顿的火车上，威尔伯对弟弟奥维尔所说的话。这就是本文开篇的"第一阶段"，即便是发明者本人都在说着泄气话[1]。

这也无可厚非。由于飞机是划时代的产物，即便是在飞行试验成功后，这一消息的真实性仍不被人们认可。以大学教授为首的科学家们发表评论和论文称"机械飞行在科学上是不可能的"。

就互联网而言，20 世纪 90 年代初是其第一阶段。当时人们普遍认为，如果能实现向地球任何地点几近免费地发送信息，那世界肯定要颠倒过来，所以这种事情不可能发生。克利福德·斯托尔在《互联网是空洞窟》（草思社，1996 年。原书于 1995 年刊行）中，列举了几个证据来说明互联网不可能走向实际应用。

从 20 世纪 90 年代末到 21 世纪最初 10 年，互联网进入第二阶段（1995年"互联网"一词获得日本流行语大奖）。目前处于第三阶段。社会确实颠倒过来了。


就区块链和比特币来说，迄今尚处于第一阶段。在这一阶段，存在各种科学性解说论述比特币为何是骗人的说法，如同当年论证飞机为什么不能飞一样。

最容易理解的就是，"若不存在中央银行此类管理机构，货币就不能发挥作用"，"但是，比特币不存在管理主体，所以不能发挥作用"这一逻辑理论。

学过互联网科学的人，可能会作如下解释："互不信任的人们之间所形成的互联网网络不能有效运转，众所周知这是个'拜占庭将军问题'。这一问题无解。所以，比特币运行机制不能成立。"

在区块链第一阶段的 2014 年 2 月 20 日，我开始在 *DIAMOND online* 上做连载，名叫"比特币是社会革命"。不管对其如何评价，首先必须正确理解比特币。

不久之后的 2 月 23 日，比特币交易所 Mt.Gox 破产。众多有影响力的报纸用整个头版版面报道"比特币破产了"。数日后，某人得意扬扬地站出来，嘲笑说"比特币果然是假货"。尽管我坚持认为比特币没有消亡，却得不到大家支持。

经过一番思考我认识到，写报道的人及坚信这些报道的人，大家都认为"Mt.Gox 经营者的行动不正常"。之所以这样认为，是因为正常的小偷不会盗取没有价值的东西。更准确地说，人们不偷"一旦被盗将变得一文不值的东西"。这被我称为"小偷的基本法则"。Mt.Gox 经营者盗取比特币正是因为明白"这样做并不会导致比特币破产,对其价值也没有任何影响"。换句话讲,Mt.Gox 事件展示的不是比特币脆弱的一面,而是其强韧的一面。

总之,该事件后,不断有朋友提醒我:"批判安倍经济学倒没什么,一旦跟比特币这种不靠谱的东西扯上关系,会降低人们对你的信任。千万别碰比特币了。"

实际上,貌似我已经被大家用奇怪的眼神看待了。其证据就是,某周刊杂志的记者曾试探性地问我:"比特币已经破产,你却说它没破产,是因为你投资了比特币的相关企业吧?"(之前持有过,但是不想被人怀疑成利益相关者,我目前已不再持有比特币。)那本周刊的目录标题是我"(就比特币破产)进行辩解"。

前不久我接受了某家主流报社的采访。本以为他们终于认识到了区块链的重要性,我欣喜万分,滔滔不绝地解释说明了一番,报道里刊登的却是我"板着脸一本正经地谈论了"区块链的未来前景。

即便国外也是一片否定之声。JPMorgan Chase 的 CEO 杰米·戴蒙嘲笑比特币宛如 17 世纪荷兰爆发的郁金香球茎泡沫。投资银行高盛在 2014 年 3 月的报告书中称:"比特币不是货币。其信奉者应该先冷静下来重新规划。"[2]

尽管如此,这两年间,世界发生了巨大变化。

我在撰稿《虚拟货币革命》[3] 时,曾介绍"现阶段,虚拟货币还只是梦想",但现在却已经开始实际运作了(这被称作"比特币 2.0 时代"或"区块链 2.0 时代",本书将在第 9 章、第 10 章进行说明)。形势正在急剧变化,超乎人们想象。

由于国外频繁传来新闻,报道称区块链技术的应用正在不断扩大,因此,近一年左右的时间内,日本的区块链现状也发生了巨大变化。特别是在金融行业,该技术的导入正在呈井喷式增长。日本貌似也进入了第二阶段。

"黑船"这一表述虽太过陈旧,但人们无疑已经开始认识到"黑船已露出水平线，将要唤醒这太平的沉睡"（我认为与其说是黑船，不如将区块链比作来自宇宙某个角落的外星人更恰当）。

然而，社会整体的认识水平依然很低。这也是必然的，因为这项技术过于超前，尚未被大众理解。总之，还没有达到第三阶段。

另外，存在第二阶段特有的混淆现象。

当前在金融领域，一项被称为 Fintech（金融科技）的技术革新引发大家普遍关注。正如本书第 5 章所述，Fintech 是一项可用于移动支付、网络在线融资等方面的新服务。在日本，大家对 Fintech 的关注度非常高，"Fintech" 甚至成了流行语。

金融领域正在发生翻天覆地的变化，这是事实。但是，因为各种事物在同时演进，到底哪个重要哪个不重要，人们并不明了。具体而言，传统技术型 Fintech 与应用区块链技术的 Fintech 是全然异次元的东西，二者没有被正确理解。发起革命的不是前者，而是后者（关于两者区别，第 1 章第 4 节将展开论述）。

我并不是否定区块链以外的 Fintech，它们让生活更加便利。然而，它们却不是能带来颠覆性变革的技术革新。

其次，区块链包含两项不同性质的东西（即第 3 章第 2 节论述的公共区块链和私有区块链）。而传统 Fintech 几乎没有意识到二者间的巨大差异。

我在《虚拟货币革命》的"前言"部分引用了"这不是叛乱。这是革命"（这是法国革命爆发当天，罗哲福考德公爵对路易十六说的话）。

正如飞机的发明是场革命、互联网的普及是场革命一样，区块链也是一场革命。它会带来颠覆性变革。换句话讲，它将颠覆整个世界。

然而，恰如法国革命，在革命初始阶段，谁都不知道革命将引导社会走向好的方向，还是坏的方向。飞机能够短时间内到达地球任何角落，另一方面，距初次飞行仅过了短短 10 年，飞机已经作为强大的武器被投入到第一次世界大战中使用。

互联网改变了社会，成为引领经济腾飞的主角。但是，正如当初所料，社会没有实现扁平化发展，而是少数大企业逐渐支配了世界。

为什么会变成这样呢？本书将在最后一章论述这个问题。我认为最本质的原因是，在互联网世界很难验证哪些数据是正确的，因此小组织和个人不容易建立信任关系。大型组织就成了人们信任的基础。

但是，区块链不依赖组织，并且可以验证数据信息的正确性。正因为这些条件得以实现，社会才会有巨大变化。

这样一来，就能构建一个不依赖组织，个人能力得到充分发挥的社会。不仅可以提高经济活动的效率，还可以改变组织模式，改变人们的工作方式，从而形成个人直接联系、直接进行交易往来的社会。

然而，也存在完全相反的可能性。银行等大型机构，可能会利用私有区块链提高办公效率。这种情况下，信任就不是由区块链确立的，仍是由组织保证的。所以，社会仍然会由大组织支配。

就货币而言，按照这个方向发展下去，中央银行将通过发行虚拟货币控制经济。这就是乔治·奥威尔在其小说《1984》中所描绘的老大哥的世界。关于这个问题将在第6章第4节论述。

总之，区块链可能带来以上两种截然不同的社会变化。究竟会实现哪一种，取决于今后。我们当下正站在巨大的岔道口上。要影响变化的方向，需要正确理解区块链。


撰写本书正是基于上述问题意识。为此，本书不仅在技术层面对区块链技术进行阐述，还将介绍其具体应用前景，详细描述区块链技术在金融领域之外的应用。因此，必须强调区块链对社会结构的重要影响。


本书部分内容依据 *DIAMOND online* 和周刊 *DIAMOND* 上刊载的报道

完成。在此向许可我使用的 DIAMOND 社的各位表示衷心感谢。

自本书策划阶段起，一直承蒙日本经济新闻出版社编辑田口恒雄先生多方照顾，田口先生对本书书稿给予了诸多有益建议。在此深表感谢。

2017 年 1 月

野口悠纪雄

# 目 录

# 图表目录

# 序章 区块链引发地壳变动

由于区块链技术引发的社会变动太过根源性，人们很难把握其整体面貌。本章意在明确这一面貌。

较之此前的信息技术，区块链哪里不同？它能做什么？变化的本质是什么？它将如何改变社会？就上述问题，我为大家简单绘一张素描。

## 即便不信任人和组织也能安心交易 trustless system（去信任系统）

区块链，一种记录电子信息的新机制[1]。

区块链包含以下两个要点。第一，不仰仗管理者，依靠计算机集群自主运营可信赖的业务。第二，保护数据不被随意篡改。

在区块链的相关文献中，trustless system 屡次出现。其意思不是"不能信任的系统"，而是"不仰仗个人和组织的信任也能安心交易的系统"（也有使用 trustless trust system 一词的，这个才是正确的）。

这样的系统只有依托区块链平台才能运行。这是巨大的变化。

以往，经济交易必须基于双方信任才能成立。因此，无论任何行业，必然存在管理者。管理者对交易的全部事项负责。如果管理者值得信赖，人们就会信任此项事业，决定进行交易。单是几个人的松散组织，没有管理者的话，出现问题时，就会不知道该找谁交涉。人们是不会和这样的组织进行交易的。

但是，在使用区块链的事业中，事业的运行方式已通过合约进行了设定（"合约"指计算机应遵从的程序规则集合）。计算机按其处理信息。因此，尽管不存在管理者，也可以信赖。这完全打破了以往的常识。许多人之所以感觉"比特币是奇怪的东西"，正是因为这些发明太过超前。

电子数据能够简易地被改写，因此很难验证某个数据正确有效。例如，所提交文件如果是电子形态的话，就很难判断其是原件还是被改写过的。

如果纸质文件上有印章（或签名）就能确认其有效。但是，通过电子邮件发送的电子版资料，一般得不到人们信任。因此，仅仅通过电子手段很难完成交易。

然而，区块链里写入的数据是（事实上）不能被改写的。因此，里面写入的数据肯定是真实的。

区块链出现之前，相互不信任的人聚在一起开展一项要求必须具备信任的事业是绝对不可能的。这在计算机科学领域，作为"拜占庭将军问题"被大家熟知（将在本书第 1 章第 1 节进行说明）。

"拜占庭将军问题"通过区块链得以解决。这是计算机科学领域划时代的突破。这是极其完美的机制。本书将在第 1 章的第 1 节和第 2 节说明这项机制。而且，第 3 章第 2 节的"私有区块链"与以上论述内容不同。只要管理者存在，进行交易时，就需要信赖管理者。

## 用互联网传递经济价值成为现实

以下两点是传统互联网不能实现的事情。第一是传递货币等有经济价值之物。第二是建立信任机制。这些问题被区块链一一攻克，极大地颠覆了经济活动和社会结构。具体来说，参考如下。

第一，借助区块链，货币等经济价值通过互联网即可传递。

这样一来，马上就会有人反驳说"即便现在这么做也是可能的"。的确是这样，比如你在亚马逊网站购书，只要在互联网上输入信用卡号就能完成支付。

但是，这里面却存在以下问题。

首先，必须和收款方确立信任关系。

因为对方是亚马逊所以我们可以毫不担心地输入信用卡号，但是如果对方是名不见经传的网站，我们应该就不会输入号码了吧。因为信用卡号有可能会被滥用。

其次，你自认为是在和亚马逊互通信息，但对方却可能是冒牌的亚马逊。为应对以上问题，现阶段导入了"SSI认证"机制。这样，就能够保证得到认证的（浏览器地址栏的小锁头不是 http：//，而是 https：//）网站不被冒用。而且，通信受密码保护，防止中途被盗用和篡改[①]。但是，要取得SSI认证，需要花费高成本。

第三，使用信用卡转账成本高。

因为不是转账方支付成本，所以一般消费者不会意识到这点。但是，对于店铺来说却是负担。亚马逊这样的大型经营者一般也没什么问题。但对于小型网站来说却是沉重的负担。所有利益所得都将按一定转账结算手续费进行收取。只有小型经营者懂得这到底是一笔多重的负担。

但是，借助区块链平台，就可以通过互联网实现经济价值的低成本转移。

互联网从本质上来说，是一种"便宜没好货"的通信系统。因此，当然不能使用它来传递经济价值。只能被迫花费高额费用去传递。

区块链颠覆了这种互联网传统。以往，交易虽已达成，但转账、结算却不能实时解决。而区块链恰好能弥补这一缺陷。世界范围内的分工体制

---

① 颁发认证的认证局，有着金字塔式的组织结构。处于最高位的是"路径认证局"，其他认证局，由上一级的认证局颁发证明书来证明自身的可信性。只要登录最高路径认证局浏览器，看到比其地位低的认证局的证明书就说明这家网站是可信的。在除此之外的网站打开浏览器时就会弹出警告框。详细内容请参考《虚拟货币革命》补论。

也将一举发生翻天覆地的变化。

基于以上内容，我们可以认为当前的互联网是"信息的互联网"，而区块链是"经济价值的互联网"。本书从第 2 章至第 6 章将对其进行说明。

## 发现构筑社会的新模式

以上所论述内容都是极为重要的。因为它意味着人类发现了重塑社会结构的新方式。

一般人很难像鲁滨孙·克鲁索那样孤立地生活。所以，需要多人分担工作，共同推进事业，进行交易往来。这样，就会构成社会。

以往，要构成社会需要两个基本模式。第一，通过计划和统制来完成。第二，基于市场交易构筑社会。

贤人政治是第一种的理想模式。德才兼备的一人或者多人成为管理者，决定社会成员的工作分配。产品的分配也由管理者决定。

实际上，由于不存在这样的贤人，计划、统制模式往往成为权力独裁者的强制政治。最典型的例子就是过去的苏联。中央计划当局决定生产计划、工作及产品分配。

但是，此类模式没能有效发挥作用。苏联等的计划经济模式不能正常运行，最终在 20 世纪 90 年代初解体。人类付出了沉重代价后，认识到不能实行计划、统制模式。

所以，构成社会的现实模式只能是第二种，即基于市场的模式。

亚当·斯密描绘的正是这样一种经济模式。在这种模式中，不存在中央管理者，也不存在第一模式中发挥中心作用的贤人以及权力独裁者。

构成社会的人，彼此各尽其才，按照自己意愿行事，并和他人进行交易往来。然后，根据需要进行分工。人们通过市场相互交易。最终，完成社会分配。虽然存在政治上的管理者，但是他们必须通过选举产生。这也是某种形式的市场交易。

经济学家认为只有通过这种模式才能构筑社会。因此，这种模式下的社会，正如亚当·斯密所言，是最理想的社会。

"他对于自身利益的追求，自然而然的，或者说必然使他选择那些对整个社会最为有利的资本使用方式""他为了他自己的利益（管理产业）……受到一只看不见的手的指导……无意中将促成一个并非他本意想要达到的目的"（大内兵卫、松川七郎译《国富论》岩波文库，第4篇，第2章）

但是现实世界和亚当·斯密所描绘的世界大相径庭。随着产业化的推进，经济活动逐渐规模化、复杂化，两者间的差距在不断拉大。

主要有以下两个重要问题。第一，信息交换需要成本。第二，随着经济活动范围不断扩大，信任模型的确立越来越难。

就信息交换需要成本而言，互联网的出现使交易条件极大改变。但是，却不能通过互联网传递经济价值。因此，上述第二个问题，即信任模型的确立就会变得越来越难。

然而，诚如上文所述，区块链技术颠覆性地改变了关乎这两个问题的条件。它让通过互联网传递经济价值、在互联网世界建立信任模型成为可能。

因此，通过上述第二种模式（基于市场的模式）构建社会的可能性大大提升。人类获得了一种构筑社会的新模式。

关于此模式的具体内容将在后面的章节展开论述（第6章第2节中，提出了"亚当·斯密的世界"这一概念。而且，最后一章的第1节和第2节将论述"扁平化＋去信任化社会"）。

## 从比特币到银行的虚拟货币，再到证券

正如第 2 章所述，区块链最初是用于比特币等虚拟货币的底层技术，并发挥了重大作用。即便不存在中央管理机构，依靠区块链也能进行高信任度的货币交易。比特币 2009 年在互联网问世，之后又陆续诞生了许多其他虚拟货币。

进一步讲，区块链的应用不仅局限于虚拟货币，目前众多领域都在进行区块链技术的有益尝试。

区块链率先敲开银行业的大门。在日本，大型银行、城市银行、USB、纽约·梅隆银行等众多大型金融机构，正致力于开展将区块链技术应用于转账服务的实验。其次，银行也在不断进行测试，积极探索将区块链应用于银行核心业务——结算系统。银行业对区块链的定位是，极大提升商业流程效率的前所未有的强有力武器。本书将在第 3 章对此机制进行探讨。

区块链的适用对象不仅限于货币。下一步，证券业正在积极尝试将其引入自身业务。正如第 4 章所述，美国的纳斯达克证券交易所（NASDAQ）成功完成了未公开股票交易体系的测试。纽约证券交易所等也在开展同样的实验。日本证券交易所组织发表报告称目前已成功完成测试。证券交易的清算、结算领域，有望借助区块链技术实现工作效率的显著提升。

区块链技术的应用范围正不断扩展到保险业及金融衍生品等领域。

## 金融业巨变

金融业本就是广义信息产业中的一支。因此，信息技术引发金融业巨大变革也是理所当然的事。此前金融业没有发生令人瞩目的技术性变化，主要因为该行业属于高度管制产业，准入机制极为严格。因此，引进新技术提升业务效率的激励机制没能充分发挥作用。

区块链的到来，将给金融业的基本构造带来巨大冲击。本书将在第6章探讨该问题。

现阶段，金融业开展的大部分业务是信息中介。如果区块链取而代之，将不再需要第三方，成本相应降低。据此，将会重塑金融业格局。银行和证券公司现有业务大部分也将被区块链取代，甚至消亡。

不仅如此，未来可能形成虚拟货币独有经济圈。这样一来，对金融政策也将产生影响。此外，征税难度可能提升。

最近，一项被称为 Fintech 的技术为金融领域带来了新变化。它将信息技术应用于金融服务。可以认为区块链也是 Fintech 的一部分。但是，正如第1章第4节所指，区块链与其他的 Fintech 有很大差异。具有真正颠覆性力量的是区块链。

在区块链平台上每个参与者都清楚掌握"哪些是有效数据"，区块链技术有此侧面。利用区块链的这种功能，人们也在积极尝试将其应用于真实性验证和事实认定。

具体来说，可以应用到土地登记等公共登记备案中。一些国家已经开始试点或付诸实施。此外，还可以用于追踪记录宝石、贵金属、名牌商品等的购买信息。第7章将对此展开论述。

## 实现智能合约及 IoT（物联网）领域的应用

区块链在互联网领域能做的另一件事，是实现智能合约。

"智能合约"是以计算机能理解的形式订立的协议。无须人类判断，通过预先设定好的程序自动执行合约（这种合约也被称为"铁面无私合约"）。

金融交易通过数字来表示，因此它不像其他服务，不太涉及对质量等的主观评判。因此，金融交易相对容易与智能合约相融合。区块链首先在金融行业得以应用，也正是因为这个原因。但是，智能合约不仅限于金融，还可以广泛应用于其他各领域。

第 8 章中提到，现阶段人们正在进行各种实现智能合约的尝试。若把交易对象扩展到物理世界中的实体财产，还存在"智能财产"。智能财产使汽车租赁业务简便易行，因为只要设定某一个特定时间段内所有权转移协议即可。

对于 IoT（Internet of Things：物联网）而言，区块链也是一项极其重要的技术。IoT 是通过互联网将各种机器、设备连接起来的尝试。日本对 IoT 的关注度很高。

但是，存在运营成本问题。以往 IoT 技术主要应用于高利润行业，像电力系统管理等领域，就算成本较高也负担得起。但是，如果想将 IoT 导入家庭自动化这样的领域，则运营成本太高，完全不具有可行性。

现阶段设想的 IoT 系统多是将传感器采集的信息发往云端，在云端对信息进行集中管理和控制。但是，未来这种方式将暴露其在成本方面的局限性。IoT 的普及离不开区块链技术。本书将在第 8 章展开论述。

## 去经营者组织的登场

区块链的影响远不限于此。它拥有更广阔的应用前景，将深刻改变社会结构。

第 9 章和第 10 章将介绍区块链在企业组织和政治、行政领域的应用。这些在金融之外其他领域的应用，也被称为"区块链 2.0 时代"。

首先，有这样一个充满野心的构想，即利用区块链自动经营企业。这被称为 DAO（Decentralized Autonomous Organization 去中心化分布式自律 [1] 型组织）。

---

① 自律，Autonomous，自己进行判断、制定规范并执行。

如此构建起来的组织和原有组织，性质上完全不同。具体将在第 9 章论述。

DAO 是一种无需人类介入、自行开展商业活动的机制。在区块链应用足够发达的阶段，互联网上的网店将实现全部由区块链运营，开展自动经营。至少，现有企业中的部分组织或业务可以实现自动化。此外，资金的授受双方将直接对接，可能不再需要现有形式的金融机构。

机器人主要被用来代替人类完成体力劳动。而区块链技术，其应用将使自动开展经营管理成为可能。

因为网络世界中无法有效建立信任关系，所以现实世界中的大型组织在这方面具有显著的优越性。然而，DAO 的出现使人们对组织的信赖变得不再必需。这个问题将在第 10 章详述。

## 世界已经觉察到区块链的巨大潜力

表 0-1 中列举了运用区块链技术的各种项目，这些项目或正在开展或处于筹划阶段。关于每个项目将在各章节进行说明。

在这一年左右的时间里，采用区块链技术的新项目不断涌现。本书中介绍的只是众多项目中较引人瞩目的一些，从整体来看只是极小的一部分。

世界现在已经觉察到区块链这一新技术的巨大潜力。人们认识到这是未来商机的宝库。不仅如此，还认识到这项技术将从根本上彻底颠覆社会和经济。这恰似当年互联网的黎明期。

区块链的应用不仅限于金融业，还涉及 IoT、供应链、医疗和教育等领域。第 9 章第 1 节中谈到，许多项目使用以太坊作平台，从以太网相关网页可以看到，上边有近 300 个项目[2]。此外还有不少介绍新项目的网页[3]。

其中，当然有经营失败的项目。但是，项目的成功成长，必将深刻改变我们的生活和社会模式。

问题在于，这里面基本没有日本的项目。日本正在落后于世界潮流。

表 0-1　运用区块链技术的项目[①]

| 名称 | 应用场景 | 本书说明索引 |
| --- | --- | --- |
| Circle | 比特币转账 | 第 2 章第 2 节 |
| Hellobit | 比特币转账 | 第 2 章第 2 节 |
| Bitwage | 使用比特币支付工资 | 第 2 章第 2 节 |
| Hyperledger Project | 区块链技术 | 第 3 章第 2 节 |
| Lightning Network | 比特币转账(微支付) | 第 6 章第 1 节 |
| Open Assets | 登记业务 | 第 7 章第 2 节 |
| Proof of Existence | 文件存在证明 | 第 7 章第 2 节 |
| Factom | 文件存在证明、土地登记 | 第 7 章第 2 节 |
| Everledger | 钻石履历追踪 | 第 7 章第 2 节 |
| Blockverify | 高端商品追踪 | 第 7 章第 2 节 |
| Provenance | 商品履历记录 | 第 7 章第 2 节 |
| Chainfy | 品牌商品真假鉴定 | 第 7 章第 2 节 |
| Ascribe | 电子文件验证 | 第 7 章第 2 节 |
| AUTOBACS SEVEN | 二手车交易平台 | 第 7 章第 2 节 |
| Assetcha.in | 贵重物品加工、流通过程管理 | 第 7 章第 2 节 |
| Midasium | 不动产市场借贷合约 | 第 7 章第 2 节 |
| SGED | 学习数据记录 | 第 7 章第 2 节 |
| Learning is earning | 学习数据记录 | 第 7 章第 2 节 |
| TransActive Grid | 分布式电力市场 | 第 8 章第 3 节 |
| Grid Singularity | 分布式电力市场 | 第 8 章第 3 节 |
| Filament | 分布式电力市场 | 第 8 章第 3 节 |
| Slock.it | 共享经济 | 第 9 章第 2 节 |
| La'zooz | 拼车 | 第 9 章第 2 节 |
| Augur | 预测市场 | 第 7 章第 2 节、第 9 章第 2 节 |
| Gnosis | 预测市场 | 第 9 章第 2 节 |
| Colony | 众包 | 第 9 章第 2 节 |

① 主要是企业运作的项目，也有银行和国家运作的项目，这里不作列举。

续表

| 名称 | 应用场景 | 本书说明索引 |
|---|---|---|
| DigixGlobal | 货币资产 | 第 7 章第 2 节、第 9 章第 2 节 |
| OpenBazaar | 自由市场 | 第 9 章第 2 节 |
| Storj | 云存储 | 第 9 章第 2 节 |
| Openledger | 非集中性型交易所 | 第 9 章第 2 节 |
| CrowdJury | 在线判决 | 终章第 3 节 |
| Futarchy | 政策决定 | 终章第 3 节 |
| Follow My Vote | 投票 | 终章第 3 节 |

# 第 1 章　区块链革命的来临

现今，不断涌现的新技术正给我们生活的社会带来巨大变革，正如互联网技术的诞生曾经彻底改变整个世界，区块链技术必将彻底改变全球的经济社会模式。

正因为区块链是一项超前的新技术，人们对其原理的理解尚存在诸多不当之处。本章中，笔者将就区块链技术的运行机制、所具备的功能等进行说明。

所谓区块链，其实就是一个开放的分布式账本。它在一个任何人都可以参与的计算机集群（P2P）上运行并对外公开。通过导入 PoW（Proof of Work）机制，区块链可以保护数据不被随意篡改。因此，个人无需依赖组织的信誉保证就可以独自开展可信赖的业务。

## 1. 区块链的功能与运行机制

### 无需管理主体也可以记录交易

区块链是一种在公开的账本上对交易等进行记录的机制[1、2、3、4]。这里在具体说明其内容前，先将其与传统信息系统进行简单比较。通过比较可以发现，区块链有以下四个明显特征：（1）记录完全公开；（2）采用分布式结构运行，不需要管理人员；（3）所以运营成本极低，也不会发生系统崩溃等问题；（4）无需对运营组织的信赖。

以往，转账等经济交易都要依靠银行等信用良好的机构进行管理。而现今，有了区块链技术，就可以使用 P2P 这一计算机网络取代管理主体进行交易验证。这里所说的 P2P，是指对等关系下的计算机集群之间直接互联并接收、发送数据信息的网络[①]。

不仅如此，通过引进 PoW（Proof of Work）机制，可以保证所记录数据不被篡改。这样，历史操作记录作为无法篡改的唯一真实数据被保存在 P2P 网络内的所有计算机上。由于这种机制不需要管理者，因此其运行成本也能够控制在较低水平。

迄今为止，确认交易的合法性需要众多组织和大量人员参与，耗费数日甚至数周时间进行文件记录以及对照检查。今后，我们将免遭如此繁杂的流程之苦，让交易自动完成认证。

这样一来，几乎（也可以说根本）无需人的介入就可以完成交易。仅从这一点就可以断言：区块链是一种全新的革命性技术。

### 恰如石刻记录

区块链是一项革命性的创新技术，由于其基本思路与传统信息管理系统不同，理解起来比较困难。所以，在进行准确定义前，我们先用一种可能不太恰当的方式来说明区块链和传统电子货币之间的区别。如果读者能够先有一个大概的认知，此后的说明就会相对易于理解（参照图 1–1）。

在南部的两座小岛上，各有一个王国。两个王国都有完善的互联网系统，信息传递简便易行。其中的一个"电子货币国"里，国王使用巨大的计算机来管理货币。为防止外部人员侵入，国王的办公室戒备森严。

岛民将椰果送到国王处，智能手机上便能接收到"电子币"。

---

[①]　P2P 即 Peer to Peer，Peer 为"对等"之意；从网络层面理解时又被称为 node（节点）。

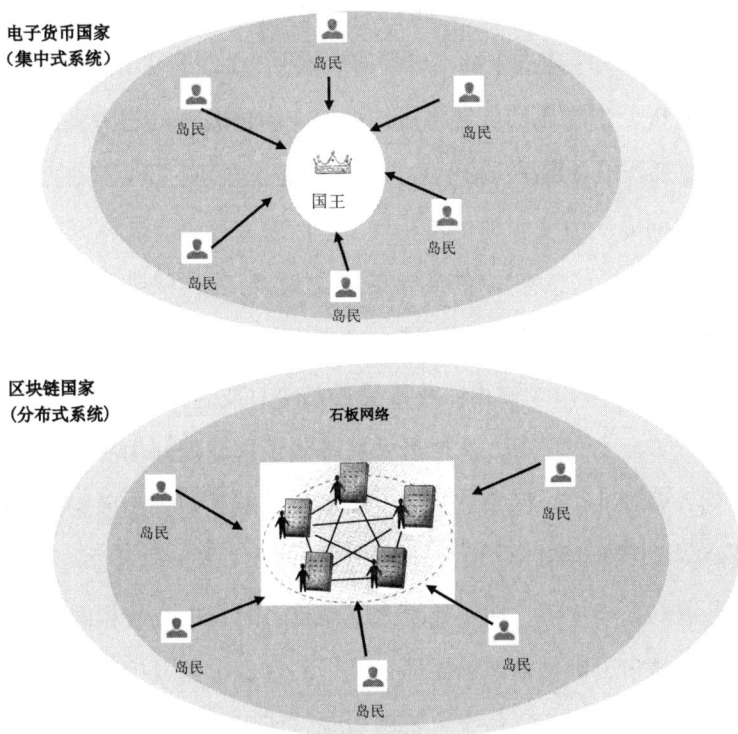

图 1-1　电子货币国家(集中式系统)和区块链国家(分布式系统)

国王通过将全部岛民的电子币结余记录在计算机上来管理岛民的所有电子币交易。

假设现在岛民 A 收到了"10 电子币"。然后,在向岛民 B 支付 2 电子币时,通过智能手机将此信息告知国王。

国王收到 A 的通知后,将 A 账户余额由 10 电子币改为 8 电子币,将 B 的余额增长 2 电子币。计算和记账过程中需要必要的人力,因此,国王要收取电子币转账的手续费。

这一系统,不仅手续费高,还存在以下两个问题。第一,如果因为政变国王被杀,此系统就会崩溃。即便国王没有被杀,单是账本失窃也会引发诸多问题。第二,必须信任国王。虽然大家都觉得国王不会营私舞弊,但是也不排除国王不按照岛民的报告如实记账、中饱私囊的可能性。

与此相对，另一座岛上的"区块链国家"，在若干城市的中央广场上矗立了多块石碑，志愿者们负责将比特币的交易信息刻入石碑。石碑并不像国王办公室那样戒备森严，而是在广场上公之于众。

岛民 C 向岛民 D 支付时的流程如下。C 通过智能手机将"我要支付 10 个硬币给 D"这一信息告知城市里的所有志愿者。志愿者们将一定期间内的报告信息汇总在一起，并对照石碑上已刻入的记录进行确认。确认内容包括 C 是否真的持有 10 个硬币，及 C 是否在向 D 支付的同时也向 E 支付了，即进行了"重复支付"等。志愿者全员都确认这段期间内所有交易准确无误后再刻入石碑。这个国家，最近发明了快速刻入石碑技术（留下不可改写记录的技术：即将在下文中进行说明的 PoW）。

信息被刻入石碑后，便不能更改。而且，因为记载着相同信息的石碑分布在多座城市，即便暴风雨破坏了其中某座城市的石碑也不会造成不良影响。石碑立于广场上，每个人都能看到。所以，只要刻入石碑，大家都会一致认同 D 是 10 个硬币的合法持有者这一事实。志愿者之间会彼此确认信息，因此信息如果与岛民的报告内容不一致将不会被记入石碑。这样一来，不需要信赖志愿者，也可以进行硬币交易。

志愿者从这项工作中获取若干报酬。但是，这与"电子货币国"国王的手续费相比，简直九牛一毛。

### 借助 P2P 网络进行运营

以上所述的两个国家系统，与现实世界里的集中管理型系统和基于区块链的分布式系统一一对应。

集中管理型系统依赖处于中央地位的管理者管理所有交易。这个管理者负责检查确认是否存在错误交易及不正当交易。因此，需要大力投入人力和计算机服务。

电子货币在集中型系统中流通，结算记录、转账记录等由金融机构或电子货币运营公司等"能够信任的第三方"统一管理。

与此相对，在区块链技术支持下，P2P 网络可以共享交易数据、互相监督，以此防止发生不正当交易、正确记录交易信息。因此，不必依赖第三方保证，即可安全进行交易。

"基于比特币支持，即便不存在中介，通过 P2P 就可完成转账"，因此可能有人认为"A 转账给 B 的同时，可以由 A 直接给 B 发送信息"。

实际并非如此。正如上文所说，A 将"我要给 B 转账"这一信息传达给 P2P，此信息被确认后才会记录在区块链上，这是无法篡改的唯一真实记录。

包括 A 在内的所有人，通过这条记录，来确认当前 B 是比特币的合法持有者。

实际需要多少台计算机参与呢？安德烈亚斯·M. 安东诺普洛斯在《比特币和区块链》中称，运行比特币需要 7000 ~ 10000 台计算机。据 Bitnodes 网站统计，比特币的节点数在 2016 年 10 月末达到 5268 个[5]。其中约 25% 位于美国。

前面我们将参与 P2P 的计算机比喻为"志愿者"。由于它们收取若干报酬，所以并不是纯粹意义上的志愿者。可能称"劳动者"更为恰当。但是，它们可以自由参与或者离开 P2P，从这个意义上讲，又和以往的劳动者有所不同。

正如第 9 章第 2 节所述，基于区块链运行的组织 DAO 也需要劳动者。但在劳动方式上，和以往的劳动者相比有诸多不同。


**不正当交易确认机制**

如前文所述，在比特币的应用场景下，C 给 D 转账时，"比特币所有者由 C 变为 D"这一信息将被发送给参与 P2P 的所有计算机，而不是金融机构等的管理者。

系统汇总一定时期内所有交易信息，确认是否存在不正当交易。"C确实是比特币的持有者吗""是否也向E汇出了相同比特币，有没有重复支付"等等，确认有无不正当使用。计算机依据设定好的规则程序自动做出判断。

P2P内所有计算机统一确认"转账信息无误"后，一定时间段内的全世界的转账信息将被记录进某个区块内。任何人都可以查阅这个区块。由它串起的一系列记录即"区块链"。

由于这个账本对外公开，所以被称为"公开账本"（open ledger）。这项操作不是由管理者完成，而是由计算机集群完成，所以也被称为"分布式账本"。

作为数据库来看，数据库信息不可改写。因此区块链技术不仅可以用于货币的转账支付，也能用于真实性认证。

虽然记录是公开的，但是有加密保护，所以当事人以外的任何人都无从知晓交易者身份。

### "拜占庭将军"难题

区块链通过任何人都可以自由参与的P2P运行，所以人们并不清楚具体谁参与了。如此，则给心怀不轨者留下了开展不正当交易的机会。

比如，心怀不轨者X有可能将"从C到D"的转账记录篡改为"从C到X"。

在不清楚参加成员底细的情况下，P2P网络应该如何协同工作呢？这就是所谓的"拜占庭将军问题"。该问题长期以来一直是困扰计算机科学领域的难题。

拜占庭将军问题具体内容如下。拜占庭帝国的将军们，想一起攻陷敌人阵营。他们包围敌人都城后，正在决策"是否进攻"。如果只有一部分将军发起进攻，攻城会失败。所以，必须过半数以上的将军参加战斗才能成功。

共有 9 名将军，其中 4 人赞成进攻，4 人反对，将军们分别把自己的态度告知其他将军。但是，第 9 个将军是叛徒，他向攻打派将军传达自己赞成，又向反对派将军传达自己反对。于是，攻打派将军误以为多数通过了攻打的决议，而发动进攻。但实际率军攻打的只有他们 4 个，所以最终失败。换句话讲，他们落入了叛徒设下的陷阱。

那么，应该用怎样的方式达成一致呢？我认为在比特币出现以前，这个问题并没有答案。

也就是说，互相不信任者不可能共同工作。从常识角度考虑道理一目了然，同时这也是经严密论证得出的结果。

### 工作量证明（PoW）机制

解决这一问题的是工作量证明机制（PoW：Proof of Work）。

该机制确实具有划时代意义。

要理解工作量证明机制的工作原理，需要了解"哈希函数"。哈希函数指的是将某数据群转换为数字的函数。将原数据输入哈希函数就会得到"哈希值"。

它具体有以下两个特征。第一，如果改变原数据，就会得出完全不同的哈希值。第二，即便知道哈希值，也无法用运算法则（基于一定规则的运算）推导出此哈希值的原数据。

质因数分解和哈希函数原理相同。某个合数通过质因数分解为多个素数，若被问到"原来合数是多少"时，答案显而易见。因为只要把分解后的各个质数相乘即可。但是，这个过程却很烦琐，必须按照 2、3……这样的顺序逐个核对是否是质数、是否能被除尽。

"按照单个方向计算简单，而反方向计算却极其困难的函数"被称为"单向函数"。哈希函数就是单向函数。

刚才谈到"区块"里记录着一定时间段里（比特币是每 10 分钟）世界范围内进行的所有交易。

此外，区块里也记录着"向前区块哈希值（hash PrevBlock）"以及被称为"随机数（Nonce）"的数值。在哈希值计算中，要求随机数满足一定条件（以固定个数的 0 开头）。

P2P 上的节点计算机算出满足此条件的随机数。但是，符合条件的随机数不能通过算法得到。只能不停更换随机数，逐一比对数字，以此方式探寻符合条件的随机数。这项工作被称为"挖矿"（参照图 1-2）。

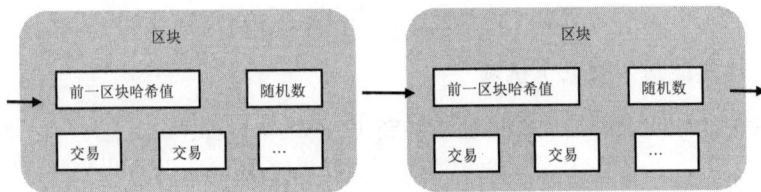

图 1-2　区块链、哈希值、随机数

资料：Satoshi Nakamoto, "Bitcoin：A Peer-to-Peer Electronic Cash System"

最先发现正确随机数的计算机，将向 P2P 广播"已发现"。通过简单的计算就能验证被发现的随机值是否满足哈希值计算要求。

一旦得到验证，将会被盖上"已于几时几分确认"的时间戳。作为最初发现随机数的报酬，将会得到一定数额的比特币。这一系列的行为将被实时公开（只要打开 Blockchain 网页，任何人都能看到）。

计算机在进行上述作业的同时，现实世界也在进行比特币交易。总之，不等某个区块的确认工作结束，下一个区块的交易就已经开始了。

这是为了不延迟交易而采取的措施，但是前一个的交易没被验证为合法之前就已经开始下一个交易，这真的是很粗暴的规则。

因此，有可能引发行为不端。区块链产生分支，从而生成无数个不同的区块链。这就是"分叉"。

发现分叉后，短小的枝丫将被剪掉。换言之，那里记录的交易会被抹掉。而且，被剪掉的枝丫的挖矿者也不会得到报酬。


**为什么不能篡改**

让我们回到刚才的问题。假设怀有恶意的 X 将"C 向 D 转账"这一交易记录篡改成了"C 向 X 转账"。于是，该区块计算的哈希值将变得和原值不同，这样也就不能满足所要求的条件。所以，有必要重新计算此区块的随机数。

这个区块的随机数一改变，下一个区块输入的哈希值就会改变，从而也有必要改变下一个区块的随机数。但是，寻找随机数需要巨大的人力投入。而且，在这种情况下，从记载被篡改的交易信息的区块开始到最新的区块为止，所有区块的随机数都必须重新计算。这样庞大的计算量，即便是连接全世界的计算机同时进行也怕是无能为力吧。

比起将巨额成本投入到几乎不可能成功的入侵行为，通过正当挖矿获取比特币更为合理。换句话讲，这个系统并非基于对他人信任而构建的系统，而是如若进行不正当行为必将遭受损失。该系统并非基于性善论，它不寄希望于人们不做坏事，即便人性本恶该系统也能运行不误。而且，就算有人不立足于合理的判断、不计成本地想做恶事也是不会成功的。这样一来，就构筑起了以"trustless（信任缺失）"为基础的系统。这和前面所讲的一旦刻入石碑便不能轻易改写，何其相似。

区块链记录着自其创立以来的所有交易。因此，整体而言，总让人觉得已经累积了大量的信息。但是，记录的只是数字和符号，因此信息量并不特别巨大。《区块链 构造与理论》中称，截至 2016 年数据总量为 70 ~ 80GB（Gigabyte）[6]。此外，Crypto Mining Blog 称区块链的数据量在 2016 年年初达到了 60GB[7]。这样的话，一个普通电脑就可以储存①。

## 2. 区块链具有怎样意义上的优越性

### 因为不能篡改，所以可证明真实性

区块链具有怎样意义上的优越性？虽然我们刚才已经谈过这个问题，但由于其极为重要，所以下面将再次展开论述。

第一，区块链中记录的数据不能篡改。基于此，互联网世界就可以证明真实性。这真的是很大的颠覆。

正如序章所述，数字记录很容易被篡改，因此一直以来作为证据使用时不被承认。必须写入纸张盖上印章。而在数字世界，人们一直在尝试通过密码、SSL 认证（参考序章）等手段来证明真实性。但是这些都不是彻底的解决办法。

区块链解决了这一问题。因为其存储的记录，如刻入石碑一般，不可篡改。

实现这一功能的，正是 PoW。不是依赖可信的人或组织，而是通过机制确认真实性②。

为降低记录成本，构筑了各种基于区块链技术的真实性证明机制。第 7章将对此展开论述。

而且，留下真实履历记录这一点，对于 IoT 而言意义重大。IoT 想普及到诸如家庭自动化这样的领域，利用区块链技术实现低成本运作将具有极

---

① 对此，下面就可以进行确认。

据《比特币和区块链》称，比特币一次交易量最低是 250B（byte），平均交易量是 645B[8]。

另一方面，从 Blockchain 主页的数据来看，最近一天的交易大约是 22 万件[9]。比特币诞生于 2009年 1 月，最初的交易量很少。因此从 2013 年开始这 3 年间平均交易量来看，诞生以来总信息量是70.6GB。

② 但是，从第 3 章的私有链来看，这点就不太能保证了。确保其真实性的不是 PoW，依靠的只是运营机构的担保。

其深远的意义。第 8 章将对此展开论述。

### 无需信赖个人或组织

以往交易中，都必须信任交易对手。但是，实际上，交易方存在欺骗和欺诈的问题。

正如序章所述，这个问题通过区块链得以解决。由于写入区块链的记录不可篡改，因此记录是真实的。这样，就无需信赖管理者和组织。这样的系统被称为 "trustless system"（无需信赖的系统）。

本书将在下面介绍具体案例。

利用区块链可以在无需信赖组织的情况下保证真实性，因此，能够在互联网世界转移经济价值。比如转移货币等。具体参见第 2 章、第 3 章。

而且，在互联网世界验证真实性的各种服务不断涌现。第 7 章将对这些进行介绍。

交易时无需信赖对方组织，这意味着在金融交易领域，消除了交易对手风险（交易中，结算前对方破产，导致合同不能履行的风险）。其对金融系统的影响将在第 6 章第 2 节论述。此外，其与去中心化市场的关系将在第 9 章第 2 节论述。

终章将介绍无需信赖组织的更深远的组织论上的意义。

然而，提供基于区块链的服务时，系统将根据预先写好的协议自动执行，这与写协议不同，是两码事。前者通过计算机自动执行。所谓 "不存在管理者"，指的就是这个。

后者当然是由人来完成的。所以，存在书写、维护、改进协议的团体和组织。而且，它的存在是明确的。

但是，比特币是仅有的例外。比特币创世论文是由一个自称 Satoshi Nakamoto（中本聪）的代号发表的，至今人们并不清楚中本聪到底是谁，也不清楚谁参与了最初的开发。

现阶段，协议的维护者被证实的确存在，并屡次被冠以"核心开发者"的称号。大家认为比特币开发者等人组成比特币社区（bitcoin community），修订协议需经比特币社区同意。但是，并不存在明确的规则。

这构成了比特币"可扩展性"方面的问题。以往比特币的区块大小是1MB，但是其不能应对不断增大的比特币交易量。关于这个问题，核心开发者及相关者多次召开会议，进行讨论。

### 分布式系统抗攻击能力强

区块链的第二个优越性是抗攻击能力强。

在中央集中管理式系统中，管理数据的中央计算机如果遭到黑客攻击发生崩溃，整个系统都将随之崩溃（如是，某部分出现问题导致系统整体瘫痪的该部分被称为"单点故障"）。

但是，如果采用区块链技术，就算其中某台计算机遭受攻击而崩溃，因为其他计算机里仍存有相同的记录，只要不是所有计算机同时遭到破坏，系统仍能继续运行。这就是"零停工（Zero Downtime）"特性。

实际上，比特币及类似的虚拟货币，迄今为止从未发生过一次事故。

2013年发生了Mt.Gox资金失窃事件。但是，这并不是比特币自身的系统问题导致的。Mt.Gox是一家进行比特币与日元、美元等实际货币兑换的企业。它只是存在于比特币交易系统之外的企业，换句话说，它只是比特币的使用者。

但这一点并没有被大众理解。比如，运钞车上的日元现金被盗，并不会动摇日元作为货币的地位。比特币也是同样的道理。正如在"前言"中所述，Mt.Gox经营者正因为明白"比特币即使被盗，也不会因此丧失价值"才盗窃比特币的。此事件所凸显的并非比特币脆弱的一面，而是其坚固无比、值得信赖的一面。

上文所述均为被称为"公共区块链（public block）"的特性。与此相对的是"私有区块链（private block）"，第 3 章第 2 节将对此展开论述。

### 利用区块链可削减 1/4 清算和结算成本

区块链的第三个优点是，因为无需管理者，所以可降低成本。

据统计，全世界的金融机构用于清算和结算的成本每年大约为 650 亿 ~ 800 亿美元（6.5 兆 ~ 8.0 兆日元）。那么，通过导入区块链，能削减大概多少呢？

桑坦德改革风险投资公司（Santander Innoventures：桑坦德银行旗下的风险投资顾问公司）发表报告称正在进行相关估算[10]。

此报告将传统的金融科技称为 FinTech1.0，以区别于 FinTech2.0。FinTech1.0 在个人结算业务、个人融资业务、金融理财咨询等领域带来了小型革新。而 FinTech2.0 是基于 IoT、智能数据（消费者的交易数据等）、分布式账本技术的金融科技。它改变了金融机构价值链条的核心要素。

报告中还称，基于区块链，银行业截至 2022 年，每年将节省 150 亿 ~ 200 亿美元（1.5 兆 ~ 2.0 兆日元）的费用。对照刚才的数据，也就是说有可能削减大约 1/4 的成本。

2016 年 5 月，高盛发布报告，分析导入区块链可能产生的影响[11]。其概要如下。

通过导入区块链技术，全世界的证券·资本市场的清算和结算成本，预计每年能节约 110 亿 ~ 120 亿美元。住宅保险领域，仅美国每年就能削减 20 亿 ~ 40 亿美元。全世界每年能节约反洗钱费用 30 亿 ~ 50 亿美元。

关于金融外的其他领域，报告如下。在出租闲置房屋的民宿领域，通过导入采用了区块链技术的认证服务，约 20 年内，仅在美国一个国家，入住预约将增长约 30 亿 ~ 90 亿美元。在智能电网领域，利用区块链可以形成分散的电力市场，仅美国就能创造 25 亿 ~ 70 亿美元的市场价值。而且，这份报告，按各个领域分别列举了今后将会长足发展的初创企业以及会招致损失的传统企业的名字。

成本降低，不单是减轻了用户的负担，还能创造新的经济行为。特别是在国际转账及微支付（小额转账）层面，效果显著。

互联网使得全球范围内信息传递成本几乎为零，极大地改变了世界。区块链也将引发同样的变革吧。

关于金融交易领域降低成本的具体效果将在第 6 章第 1 节详述。

## 3. 阐述区块链重要性的报告

### 世界经济论坛（WEF）报告

本部位于瑞士达沃斯的非营利财团世界经济论坛于 2016 年 8 月评出能给世界带来巨大影响的十大新兴技术。其中有两个与生物医疗相关，4 个与材料相关，剩余 4 个与信息技术相关。而区块链正是其中之一。

该论坛上，一份同样是 2016 年 8 月发表的报告称"区块链技术有望成为新一代金融服务的关键"[12]。

该报告估计，截至 2017 年年末，全球约 80% 的银行将启动区块链技术相关项目。此外，报告称 90 个国家的中央大型银行在进行区块链研究，24 个国家的政府正在投资区块链技术。

### PwC 关于区块链的报告

国际咨询企业 PwC（普华永道 Price Waterhouse Coopers）在 2016 年 9 月发布了区块链相关报告[13]。其中，包含以下内容。

截至 2020 年，多数主要企业将采用基于区块链的系统，在简单的交易领域，确认、认证方面的诸多壁垒及不便，将减少或消失。任何人都可以自由地交易能用数字表示的一切资产和价值。

金融机构开始单独构建私有区块链。其他企业也将追随。特别是随着基于区块链的智能合约的价值和影响力不断显现，这一趋势将得到进一步强化。此外，区块链对于物联网的发展变得不可或缺。

是否导入区块链技术，工作效率将因此天差地别。所以，企业为了保持竞争力，将不得不使用基于区块链技术的共有总账作为开展交易的基础。

进入 2020 年，通过智能交易，只需现在、以往交易时间的几分之一就可以完成交易清算。在 2020 年，众多合约将自动履行。

从 2016 年到 2020 年，各企业将开始试用基于区块链的智能合约，并不断改良。但是，要将这项技术大规模地引入实用领域，需要法律以及商务程序的配套改革。

电子商务真正普及经历了漫长的时间。电子商务的技术开发经历了 20 年，发展成熟又耗费了 20 年。与此相对，数字资产的转移，刚开始可能只是小规模局部尝试，短期局部的成功案例将不断涌现。但是，依靠"互联网交易"及软件、代理之力真正实现自动分布式"物联网"，仍需要很长时间。

与此相对，法律制度不太复杂的情况下，智能合约进入实用领域，可能不需要电子商务那么长的时间。

预料经过反复试验期后，可能会如 .com 热潮那样迅猛发展起来，迎来一时的狂热状态。截至 2020 年后半期，将可能真正步入与今日大相径庭的交易环境中。

**经济产业省报告**

经济产业省 2016 年 4 月发表了《关于基于区块链技术服务的国内外动向调查》报告[14、15]，内容称"期待区块链应用到包括物联网在内的更广泛领域""区块链将有望成为新时代所有产业的平台"。

具体列举了以下应用前景。

（1）价值流通及点状平台的基础设施化

点不断流通才有可能如货币般使用。点对点服务通过获得类似于存款借贷功能，才能获得信用创造的功能。

（2）实现权利证明行为的非中央集中化管理

土地登记、专利登记等国家管理系统可能会被公开的分布式系统所替代。其结果将是，地方监管部门的申报管理等业务减少、证明本人的印章文化及签订各种契约时提交的本人确认文件等流程将发生变化或被替代。

（3）零闲置资产和高效共享地实现

区块链将极大提高闲置资产的利用率，此外还将给入场券、客房、出租车、出租录像带等的使用权限管理领域带来高效革命。因为生产者、服务提供者和消费者之间的界限将消失，由此推动"生产型消费者（Prosumer，即'producer生产者'和'consumer消费者'的合成）"这一模式普及。

（4）实现公开、高效、高信誉的供应链

被零售、批发、制造等环节切断的库存信息以及集中在下游的商流信息将实现共享，从而使得整个供应链更加高效运行。

（5）实现流程、交易的全自动化、高效化

后勤管理部门的大部分业务（合约执行、交易执行、支付·结算、辅助决策程序等）可能将被取代。


此外，经济产业省在该报告书中称，区块链相关的潜在国内市场规模（区块链技术有可能产生影响的市场规模）将达到67兆日元。

这个数值，可以看作是一年的销售额，根据法人企业统计，2015年度整个行业（金融保险业除外）的销售额是1431兆日元,67兆日元是其4.7%。这比2015年度汽车及汽车配件制造业销售额64兆日元还多。由此，可以看出区块链对整个经济活动的影响是极其深远的。

## 4. 传统 Fintech（金融科技）的局限性

### Fintech 并非根本性变革

最近 Fintech 一词很热。这是将金融与 IT（信息技术）相结合的新兴服务。

Fintech 提供的服务将在第 5 章中介绍，具体分为三类，分别是（1）转账、结算相关业务；（2）社会借贷；（3）投资咨询及保险。

Fintech 里包含区块链吗？一般都认为是包含的，但是区块链和其他的 Fintech 是大不相同的。

在日本，对 Fintech 的关注程度超乎寻常。另一方面，对将真正带来颠覆性变化的区块链的关注程度却不高。

区块链以外的 Fintech 技术，并不像区块链那般具有革新性。此类技术确实让日常生活更加便利，但是不会从根本上颠覆金融业。这些技术令生活更便捷，但它并不是连续性、根本性的变化。

在转账和结算时，下述情况尤为明显。信用卡的使用成本由店铺方负担，所以消费者对此没有察觉。但是，这部分成本会被店家转嫁到商品价格上，实际上还是消费者在间接负担。

如果能大幅削减这部分成本，将发生巨大变化。从使用方来看，好像并不觉得有什么大改变，但从店铺方来讲若能减轻负担，大部分店铺都将会采用该技术。作为其结果，使用范围将扩大。

但是，现在 Fintech 引发的变化，并没有从根本上解决该问题。为什么这么说呢？利用 Fintech 的大部分新技术都构筑在信用卡系统上。因此，想把平均转账成本率降到比现阶段更低的水准，原理上讲是不可能的。

虽然有些服务利用 Fintech 技术将转账成本降低到了近乎零的水平，但它不过是通过被称为"免费增值"的商业模式（仅对高端服务和特别服务部分收费，免费提供基本服务的商业模式）实现的。想真正降低转账成本，将不可避免地需要导入区块链技术。

转账的核心系统最为重要。如果它不变化，成本不可能大幅下降。特别是国际转账成本，更是如此。

## 区块链催生根本性变革

真正根本性的变化是指，将出现一个超越银行系统的新系统。这里，有必要将转账系统替换为基于区块链技术的分布式系统。只要还是中央集中管理式系统，就不会有大的变化（可以说 IoT 领域也是如此，具体参照第 8 章）。2016 年 3 月 PwC 发布报告称，区块链将是今后最重要的金融科技，具体内容阐述如下[16]。

由于大家尚没能很好理解区块链技术，因此其潜在价值被严重低估。

区块链有可能促使下一代金融科技完成质的飞跃。如此一来，金融服务业的竞争格局将发生急剧变化。传统收益源被破坏，全新的高效区块链平台所有者将有可能重新分配收益源。区块链技术不仅能极大降低高额成本，还将大大提高交易的透明度。

重要的一点是，假如基于区块链技术的金融技术得到发展，现在 Fintech 所倡导的大部分技术将被淘汰。

例如，等虚拟货币更便于使用后，智能手机上的支付结算几乎将全部通过虚拟货币完成。众多现在的 Fintech 技术将被淘汰。

基于 Fintech 运行的社会借贷将可能被首次代币发行（Initial Coin Offering）（参考第 9 章第 4 节）取代。随着预测市场的不断发展，至少部分保险及金融衍生工具将被取代。

区块链和人工智能技术是什么关系呢？

人工智能技术是一项重要的技术革新。在 IoT 及共享经济领域，人工智能技术和区块链技术通力协作，将有可能开辟一个新世界。第 7 章、第 9 章的第 2 节将对此展开论述。

但是，正如第 5 章第 3 节所述，人工智能技术对金融领域到底有多重要，仍旧是未知数。

# 第2章 区块链的应用：比特币的发展

区块链技术首先应用于比特币这样的虚拟货币领域，并大获成功。其运行机制与电子货币完全不同。由于转账成本近乎为零，其在微支付、国际转账等多种领域将可能开启一片新的商业天地。

## 1. 虚拟货币的重要性终获认可

### 美国金融机构的认识发生重大转变

区块链技术最初应用于虚拟货币比特币。2009 年开始运营[1、2]。真正得到大众关注是在 2013 年秋发生在塞浦路斯的将比特币作为避险资金的事件。次年 1 月，比特币被用于中国人民币资本外逃，导致 1 比特币的价格超过 1100 美元。受此次事件影响，中国政府禁止中国各银行进行比特币相关交易。比特币价格回落（图 2-1）。

正如本书"前言"所述，2014 年对虚拟货币的批判性评论及否定性评价居多。特别在日本，人们过分关注 Mt.Gox 倒闭事件，并没有展开对其本质的讨论。即便在欧美，当时也只是关注虚拟货币价格的大幅波动以及其投机性的一面，因此，金融机构对比特币持消极态度。

美元

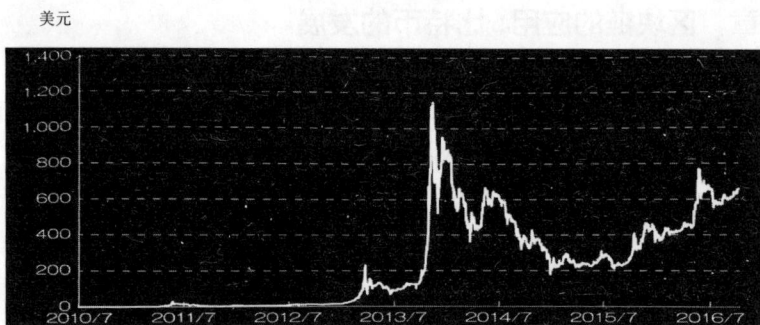

图 2-1　比特币价格变化趋势图（1 比特币对应的美元）
资料：来自 CoinDesk

　　但是，此后，美国金融业对比特币的态度发生了极大转变。对其潜在价值的正确认知急速发展，各种尝试不断涌现。"前言"中提到高盛在 2014 年 3 月的报告书中，对比特币做出了极其否定性的评价。但是，次年 3 月其同行的报告书《金融的未来——重新评估今后 10 年内的结算方式》中口风一转，认可"比特币的非中央集中管理机制是革命性的"[3]。也就是说，"比特币和虚拟货币技术是技术发展大趋势的一部分，将改变交易的基本运行机制""互联网技术及密码技术革新将改变货币流通的速度和机制"。其次，该报告指出支撑虚拟货币的分布式网络是开源的，安全可靠，没有任何问题。

### 国际机构认可虚拟货币的重要性

　　2014 年以来，国际金融领域的主要国际机构及中央银行，相继发布了虚拟货币相关报告。这显示了虚拟货币已经成为金融世界不可忽视的存在。

　　英格兰银行在 2014 年 9 月发布报告[4]。次年 11 月国际清算银行（BIS：由各国中央银行所组成的国际机构）发布了关于数字货币的报告[5]。2016 年 1 月，国际货币基金组织（IMF）发表了关于比特币的报告书[6]。

　　以上任何一份报告虽然都指出了现有形式的虚拟货币存在各种问题，

同时也高度评价了其未来发展潜力。

BIS 的报告高度评价了区块链这一全新机制，指出了其潜在的重要性。该报告论述区块链与中央银行关系的部分受到大家普遍关注。

报告指出，现阶段，由于用户极少尚未出现问题，但倘若虚拟货币的使用量增加，中央银行的金融政策将受到影响。此外，基于区块链技术的决算被大范围推广后，将有可能不再需要依赖中央银行的决算。

而且，报告还论及中央银行本身将有可能发行数字货币。面向未来的研究十分必要，报告介绍了英格兰银行和加拿大中央银行的研究情况。

IMF 的报告则将关注重点放在了管制的必要性上。报告指出现有虚拟货币存在各种风险，各国应该商讨管制对策。报告还强调了国际管制的必要性。

## 2. 虚拟货币的应用领域不断扩大

### 新虚拟货币的诞生

比特币的市值总额现在约为 1 兆日元。在日本，三菱汽车、西日本旅客铁道、积水住宅、盐野义制药、中部电力等的市值总额约为 1 兆 ~1.2 兆日元。比特币的市值总额已经达到和这些企业比肩的程度。

而且，虚拟货币并不限于比特币。每天都有许多币种诞生，如表 2-1 所示，现在，世界上存在 700 种以上的虚拟货币（但是，其中大部分的市值总额都很低。市值总额在 100 万日元以上的虚拟货币约有 300 种）。

各种各样的虚拟货币通过各种各样的机制运行。一些不过是比特币的翻版，另一方面，也有一些虚拟货币的运行机制确实相当独特。

其中，引人注目的新虚拟货币是以太坊（Ethereum）和瑞波币（Ripple）。两者都有明确的发行主体，并以与比特币稍微不同的方式运作，目的也不同。它们并非照搬比特币的区块链技术，而是克服了比特币原有的弱点，功能与比特币相比进一步扩展。

　　以太坊和瑞波币等新虚拟货币，并不是比特币的单纯复制，它们具备新结构和新功能。从这个意义上讲，业界称其为"比特币 2.0"。关于以太坊，将在第 9 章第 1 节详述。

表 2-1　虚拟货币的市值总额

| 序　号 | 名　称 | 市值总额（百万美元） |
|---|---|---|
| 1 | Bitcoin | 11785 |
| 2 | Ethereum | 700 |
| 3 | Ripple | 252 |
| 4 | Litecoin | 188 |
| 5 | Monero | 101 |
| 6 | Ethereum Classic | 63 |
| 7 | Dash | 61 |
| 8 | NEM | 34 |
| 9 | Steem | 33 |
| 10 | Waves | 29 |
| 11 | Dogecoin | 23 |
| 12 | Factom | 20 |
| 13 | List | 18 |
| 14 | Gulden | 13 |
| 15 | Stellar Lumens | 11 |
| 16 | GameCredits | 11 |
| 17 | ShadowCash | 11 |
| 18 | Bitshares | 10 |
| 19 | Zcash | 8 |
| 20 | AntShares | 7 |

注：2016 年 11 月 26 日数据
资料：Crypto-Currency Market Capitalizations

　　刚才曾提到，比特币的价值约为 1 兆日元，但和传统货币相比，其在规模上仍然非常小。仅以日本的货币日银券为例，结余大约是 100 兆日元（更准确地说，2016 年 10 月是 96.4 兆日元）。从世界范围来看，虚拟货币在全部货币中所占比重极小。

今后，虚拟货币的用户会增加。但是，虚拟货币要达到和传统货币一样的比重，仍需要很长时间。

1994 年网络诞生，截至现在虽然已经过去大约 20 年，但是商业交易的网络化比率却只有 5%，从这点来看，虚拟货币要广泛普及，可能也需要很长时间。但是，正如下文所述，"比特币经济圈"已经诞生。

而且，将来银行和中央银行单独发行虚拟货币后，事态可能发生急速变化。第 3 章和第 6 章将对此展开论述。

### 可自由选择比特币和美元的 Circle 钱包

要使用比特币等虚拟货币，首先需要用户在自己的 PC（电脑）和智能手机上安装钱包（电子钱包）。在比特币交易所（经销点）购买后，自己的钱包里将会收到比特币。这样，这笔交易就会以记录余额的形式存储在钱包里。

具体有台式机钱包（PC 上的钱包）、网页钱包（Web 上的钱包）、移动钱包（智能手机上的钱包），多种多样。

最早提供网页钱包服务是区块链（Blockchain）。最近，Coinbase 等众多服务平台不断涌现。

互联网金融圈（Circle Internet Financial）在 2014 年 9 月推出了能够通过信用卡结算可按优惠利率购入比特币的钱包[7]。

2015 年年末开始推行的服务中，添加了存储美元和收发信息功能。如此一来，用户可使用循环账本存储管理比特币和美元。存储美元的用户可以用比特币支付。相反，用户接受比特币支付，如果想存储美元，可以自动将比特币转化为美元。用户存储美元正是因为不想受比特币价格波动的影响。

2016 年 9 月 iPhone7 发布，使用全新的 iOS10，用户可以在 iMessage 中使用第三方平台 Circle Pay 的比特币支付功能[8]。用户无需特意去 Apple Store 下载 APP，进行初期登录等操作。只是，该服务目前只能在美国和英国使用，想在日本使用仍需一段时间。

在第 9 章第 3 节介绍的分布式市场上，比特币将作为主要货币使用。比特币正在逐渐形成自己的经济圈。但是，此市场上能进行交易的货币不包括日元。在 OpenLedger 这一分布式市场上，可以进行交易的是比特币、美元、欧元、人民币（CNY）等（参照第 9 章第 4 节）。这里也看不到日元。日本已经被比特币系统排除在外了。

### 方便快捷的转账手段

比特币的价格波动大，这的确是事实。因此，多数人基于投资目的使用比特币，其转账、结算等原始功能没被充分利用。

然而，作为应对价格波动的对策，人们进行了多种虚拟货币尝试。比如，第 9 章第 4 节论述的比特股（BitShares）中的智能坊（SmartCoin）。通过购买 SmartCoin 能有效规避比特币价格波动。而且，第 9 章第 2 节介绍的 DGX，是和黄金等价的虚拟货币。黄金虽说在短期内也有价格波动，但长远来看其产量不会急剧增加，比美元等现实货币更能保持价值稳定。

而且，也有比特币结算服务。具体指的是，在结算时，能够自动地将比特币转换成日元等现实货币，卖方的进账为现实货币形式。这样，就可以消除价格波动大的比特币的持有风险。而且，就算不具备比特币的相关知识，也能简单操作。虽然使用决算服务需要支付手续费，但和信用卡支付相比，手续费要低很多。在日本国内，接受比特币支付的实体店铺在不断增加，但其中大部分都是通过比特币决算服务供应商完成的。

Bitwage 为用户提供了一个使用比特币发放和领取工资的系统[9]。其特征是，支付方式无需持有比特币。如果薪金接受者希望自己薪金的一部分是比特币，他可以将这一意愿告知支付者。支付者向 Bitwage 账户转入美元后，Bitwage 会将美元转为比特币，作为工资发放到收款人钱包里。

收款人是自由工作者，或者收款人在国外的话，使用该服务将非常便利。在此之前，跨境支付薪金不仅耗时，手续费也高。使用 Bitwage，仅需少量手续费，1 天后就能到账。

**新兴国家对虚拟货币的使用**

在东南亚等地区，人们正广泛尝试使用比特币作为国际间的转账工具。与此相对，日本却不太关注虚拟货币。更准确来讲，日本仍存在"虚拟货币靠不住"这样的观念。

日本很早就完善了银行的网上系统，并使用了世界上最先进的转账系统。因此，很少有人觉得国内转账不方便。

但是，在东南亚这样的新兴国家，众多银行的分行网点并不完善。因此，虽然大城市的大企业能方便地使用银行系统，但地方企业和个人却很难用到。人们想在当地办理收付款业务，必须得通过各种繁杂的转账服务，支付高额手续费。

通过虚拟货币则有可能降低这部分成本。目前该领域，正在不断诞生各种服务。所以，就算日本银行不去做，也不能保证某个国家的初创企业不会开发出新系统，这种可能性是极高的。正如下文所述，这些服务已经出现，我们真的有必要认真思考一下，这些技术掌握在外国企业手中对我们是否是一件好事。

上述的 Bitwage，与 Coins.ph 联手，2015 年 1 月在菲律宾推出了一个领工资的系统，工资使用当地货币比索。

现在有一个很有意思的服务叫 Hellobit[10]。这是一款智能手机 APP，可以连接比特币转账人和当地货币的兑换人。

在收款人所在的新兴国家，由于银行的分行网点不发达，很多时候，不能通过银行接收转账。即便是西联汇款（The Western Union）这样的大型国际汇款公司，远离了大城市，也找不到他的网点。在这种情况下，就需要 Hellobit 这种"只需一部手机，就能接收海外转账"系统。

比如，居住在美国的 John，想给非洲的 Abi 转账，他选择使用 Hellobit。Hellobit 将他要转账的消息同时发送给居住在 Abi 附近的几个值得信赖的兑换人。其中一个叫 Diago 的人接下了这单兑换生意，他的职责是将从 John 那里接收到的比特币兑换成当地货币后交给 Abi。Diago 和 Abi 约好在附近的咖啡店见面，Abi 向 Diago 出示密码，并从 Diago 那里领取现金。

在这种情况下，Abi 即便不了解比特币的任何知识也是可以的。不需要操作智能手机 APP，甚至都不需要手机。

货币兑换人，通过以上操作，收取一定的手续费。但是，与以往的交易方式相比，手续费只有之前的一半左右。

货币兑换人，可以是企业，也可以是上例中的个人。如果是个人，他不用是专门的从业人员，也可以是自由工作者。利用空闲时间，帮忙做一些国际转账。Hellobit 的创始人认为"这项服务如同出租车行业的 Uber"。

比特币技术目前只具备大致框架，尚未发展到足够细化，其状态就像发动机赤裸在外的初期汽车一般。对普通大众来说，它的使用门槛还太高。所以，有必要配备一般用户与比特币之间的接口。Hellobit 中的兑换人，充当的便是接口的角色。

## 3. 想普及，条件需要先齐备

### 资金决算法的修改

日本在 2016 年修改了《关于资金决算的法律》（资金决算法），其中增添了关于虚拟货币的相关规定[11]。

该法案中，对虚拟货币和电子货币进行了区分。虚拟货币是"以不特定物品为对象、可永久流通的"电子支付手段。

修改的主要内容如下。第一，虚拟货币交易所实行登记制（监管机关为金融厅）。第二，规定必须定期接受监查法人和注册会计师的定期检查。第三，坚持将顾客资产与自身资产相区分的"分开管理"原则。

修改资金决算法的直接原因是，经济合作与发展组织（OECD）内的反洗钱组织"反洗钱金融行动特别工作组（FATF）"为防范使用虚拟货币的金融犯罪，于 2015 年 6 月发布公告，督促各国加快虚拟货币立法，通过设定登记特许制、顾客本人确认、交易记录保存等义务，保护用户权益。

虚拟货币交易机构的本人确认制度及对相关企业的限制规定都是反洗钱措施，制定这些规定和制度并不是为了提升虚拟货币的便利性。本次修改法律并非意在提高虚拟货币的使用便利性，说到底其目的是要强化对虚拟货币的规制。

然而，这在某种意义上仍赋予了虚拟货币一定地位。导入规制，这对从业者来说意味着沉重的负担，但另一方面也意味着规则范围内的业务是受法律承认的，从事相关业务的人，可以更稳定地开展商业活动。

此外，本次修改法律还被寄希望于改变世人对虚拟货币的错误认识。Mt.Gox 只是一个比特币交易所，然而在日本，它的失败却被等同于比特币本身的失败。人们对比特币的坏印象已先入为主，社会上对比特币的正确认识尚未普及。我期待这一状况能早日改善。


### 为什么要区分虚拟货币

第 3 章提到，日本的大型银行正在计划发行自己的虚拟货币。但是，金融厅貌似要将其看作电子货币，并不认为这是虚拟货币。

这种想法是否妥当将在"补论 A　虚拟货币和电子货币法律上的定义"中探讨。由于还不清楚大型银行的详细构想，所以我目前就这个问题尚不能发表任何确定性言论，但是按照金融厅所提及的"以不特定物品为对象、可永久流通"这一标准，是否就能够区分电子货币和虚拟货币，我表示怀疑。

正如本章第 2 节所述，类似 Circle 这样的平台出现，将提升虚拟货币转账的自由度，扩大"以不特定物品为对象、可永久流通"的范围。这样一来，区分法定货币、电子货币、虚拟货币的意义就会弱化。所以，诸如修改后的资金决算法中所规定的区别，会变得毫无意义。

鉴于上述情况，我们不得不做出如下推论。

规制机构的目的是要定下规则，规定"银行可以经营电子货币，但是不能经营比特币类虚拟货币。而且，可以经营其自身发行的虚拟货币"。这样的话，比特币类虚拟货币就被排除在银行系统之外。另一方面，将增加对比特币类虚拟货币的规制。我认为规制机构从一开始就抱有此意图，并为实现这一意图而划分了范畴、制定了定义。

但是，从上述内容可以看出，这项区分已经出现破绽，将来破绽会更加明显。


### 虚拟货币最能防范组织犯罪

一般认为"由于比特币匿名性强，因此最容易被犯罪分子利用"，特别是被洗钱、恐怖活动融资等组织犯罪所利用。而且，也有可能被用于毒品等交易。但是，以上这些看法存在对比特币的极大误解。

第一，虚拟货币的交易被记录在区块链中并向全世界公开。比如，进入 Blockchain.info 这个网页，就能实时看到交易情况。没有比它更透明的转账方式了。

当然，因为汇款人姓名和收款人姓名都做了加密处理，人们不能直接知道到底对应的是现实世界里的哪个人。但是，虚拟货币的匿名性被称为"疑似匿名性"（Pseudoanonymity），搜查当局并非不能破解。实际上，FBI

根据在地下交易网站"丝绸之路"进行的交易，搜集到了违法交易的证据。这就是一般人们认识不到的第二点。

人们对虚拟货币没好印象的理由主要有以下几点，首先是，新手不熟悉；其次，人们认为"没有管理者，所以不可靠"；再有就是"密码货币"在英语中被称为"cryptocurrency"，这更增强了其神秘感；最后就是，虚拟货币被用于丝绸之路等地下交易网站的消息被大肆报道。

这样的印象都是错误的，英国财政部的分析便能证明这一点。

英国财政部，分别对银行、各类金融服务、现金、虚拟货币等进行了脆弱性评分，评价其在对抗洗钱、恐怖活动融资等组织犯罪方面的表现。

该报告对各种方式的交易不透明性（匿名性）、资产的国际检索难易度、资金移动速度等方面做出了评估。而且，交易量及监督机构的监管能力也在考虑之内。

表2-2所示的是该财政部2015年10月公布的报告结果的一部分[12]。

表2-2 汇款方式的脆弱性得分（英国财政部报告）

| 汇款方式 | 综合脆弱性得分 |
| --- | --- |
| 银行 | 34 |
| 会计服务 | 14 |
| 合法服务提供者 | 17 |
| 资金转移交易 | 18 |
| 信托服务 | 11 |
| 地产商 | 11 |
| 高价产品经销商 | 10 |
| 合法赌博 | 10 |
| casino（违法的赌博） | 10 |
| 现金 | 21 |
| 电子货币 | 10 |
| 虚拟货币 | 5 |

资料：UK national risk assessment of money laundering and terrorist financing,October 2015.

据此，可以看出和一般认识相反，被洗钱和恐怖组织利用风险最高的是银行，其脆弱性综合得分是 34 分，其次是各种金融服务，现金得分是 21 分，是除银行以外的其他金融服务中的最高分。

但是，与此相比，电子货币却只有 10 分，而包含比特币在内的数字货币（虚拟货币）得分只有 5 分。也就是说，从此项调查可以看出，虚拟货币是最坚固的系统。

然而，评价这个结果时必须将现阶段电子货币及虚拟货币的交易量仍然很少这一点考虑在内。将来，随着虚拟货币使用范围扩大，将其用于犯罪交易的情况也会增加。

但这并非因为虚拟货币本身的机制存在问题，相反，而是由于虚拟货币可以实现高效转账。一般而言，高效转账方式在提高生产效率的同时，也会提高办坏事的效率。关键在于我们怎样使用新技术。

### 阻止扩大使用税制等

从对虚拟货币的使用来看，日本现阶段存在以下几个问题。

第一，税收上的待遇。虚拟货币虽可被用作支付手段，但其法定货币地位并不被承认，因此，消费税法并未将虚拟货币列在该法适用范围之外。另一方面，虚拟货币具有作为资产的价值。所以，它属于消费税法规定的"资产"。为此，从业者在转让虚拟货币时，需缴纳消费税。

但是，既然虚拟货币具有支付手段的功能，就不应该对虚拟货币的转让征收消费税。实际上，欧洲的法院将比特币排除在增值税（VAT）的适用范围外。在国外，不对虚拟货币征税是主流，G7（七国集团）里对其征税的只有日本。另一方面，关于这个问题，因为虚拟货币不需要像进口实体商品那样必须经过海关，人们完全可以在外国交易所买进虚拟货币，避免被征税。因此，存在一些低价从国外买进虚拟货币的情况。

关于这个问题，有报道称，相关人士正在商讨免除对虚拟货币征收消费税。

第二，银行法的制约。银行法明确规定了银行的业务范围，银行不能经营此范围外的业务。由于比特币形式的虚拟货币不是货币，因此银行无法经营[①]。也就是说，银行不能充当虚拟货币的交易中介、不能开展虚拟货币和现实货币间的兑换业务、不能接收比特币存款。

这一问题并没有征税问题那么严重，只要规制放宽，虚拟货币的使用将会变得更加便捷。

而且，日本银行法确实进行了修改（2016 年 5 月完成，6 月公布），号称是促进 Fintech 发展的一环。但是，修改后的银行法，因为放宽了金融机构对创业公司出资比例的限制，限制了 IT 相关企业基于个人信息运作贷款等。在美国，未来初创企业借助金融科技将威胁银行地位，而在日本，可能仍是银行掌握主导权。这样，技术进步的成果恐怕将不能还原给用户。为避免此类事态发生，有必要让银行以外的其他企业更容易地参与到金融业务领域。

第三，接受虚拟货币支付的店铺（包含网店）极少。因此，虚拟货币的使用很难推广。而且，也正是这个原因导致了用户群难以扩大，如此陷入恶性循环。

货币的使用明显适用网络效应理论。今后，期待能承认虚拟货币的社会地位，扩大用户群。等用户和店铺数量扩大到一定规模，网络效应将发挥其正面影响力，虚拟货币的使用范围可能急剧扩大。国外游客大量涌来的 2020 年东京奥运会，可能将成为一个契机。

---

① "针对参议院议员大久保勉君提出的比特币相关问题的答辩书"（2014 年 3 月 7 日）里，政府就银行不能经营比特币进行了如下答辩。

"比特币交易中介、比特币与日元及外币间的兑换、存储比特币'账户'的开设以及该账户间比特币的转移，不在银行法第十条第一款各项、同条第二款各项及第十一条各项规定的银行可以经营的业务范围内。"

## 第 3 章　区块链的应用：银行也导入

日本的银行正尝试发行自己的虚拟货币，将区块链应用到结算系统中。这样一来，银行的业务体系及金融·货币机制可能发生巨大变化[1]。而且，中央银行也可能会发行虚拟货币[2]。

然而，以上这些使用的都是"私有区块链"。它与比特币形式的虚拟货币有很大不同。

### 1. 金融机构疯狂追捧区块链

**欧美银行积极开展导入虚拟货币的实验**

UBS（总部位于瑞士的世界屈指可数的金融控股公司。原来是瑞士联合银行）早在 2014 年就提议银行导入虚拟货币。而且，城市银行等已经开始实验。

2016 年，大型金融机构和官方机构认识到了区块链技术的重要性，开始就导入区块链技术开展大量讨论，并不断进行测试。

2016 年，银行导入虚拟货币出现井喷式增长。尽管当时仍处于实验阶段，并未对实际商务产生影响，但已经令人预感到，区块链将极大地颠覆金融产业。

虚拟货币技术不再仅是自由意志主义者（libertarian）世界中的事物，它将撼动现有体制的根基。

城市银行正纷纷开展实验，尝试导入自己的虚拟货币。UBS（United Bank of Switzerland，瑞银集团）正着手开发供金融机构间使用的"Settlement Coin"。这是一个各金融机构将市场交易的结果记载在通用的总账上，并依据此结果向各账户进行分配和决算的系统。

德国最大的银行——德国银行认为区块链将对金融交易的所有领域产生巨大影响，所以正积极进行导入区块链技术的研究[3]。纽约梅隆银行等也公布了各自采取的对策。

区块链技术创业公司 R3 是世界最大级别的工作团队，它专注于以分布式总账协议构建高效金融市场的研究。其最初成员包括瑞信、JP 摩根、UBS 等世界一流金融机构[4]。之后，美国富国银行、法国巴黎银行等也加入其中，成长为了包含 30 家银行在内的集团。日本的三菱 UFJ 金融集团、瑞穗银行、三井住友银行、野村证券、SBI 集团也在其中。

微软公司也将在微软 Azure（Microsoft Azure）上推出区块链技术相关的新服务。这是一个云计算平台，它通过全球数据中心的网络，向用户提供应用程序的生成、使用、管理等服务。

之后，越来越多的银行也在开展导入区块链的尝试。

爱尔兰银行表示其开展的区块链测试取得了良好效果[5]。以往主要是欧美银行积极导入区块链技术，最近，亚洲的银行也开始积极行动[6]。除日本外，新加坡开发银行及渣打银行等表现积极。韩国的国民银行（KB Kookmin Bank）表示其正在开发基于区块链技术的系统，以期向用户提供更安全、更快捷的国际转账服务。

全球外汇交易结算公司 CLS 集团在 2016 年 9 月发布消息称自己开始向客户提供基于区块链技术的新型转账服务。CLS 集团的结算业务占据了世界转账交易的大部分市场。以往的结算系统都是集中管理交易记录。因为有诸如 CLS 集团这样的结算公司站在交易当事人中间，当事人得以规避结算风险。将来，这可能威胁到 SWIFT（环球银行金融电信协会）运营的银行间金融电文网络。

### 日本银行也积极导入区块链

日本也在开展行动，积极导入区块链技术。负利息不断压缩日本银行的收益，受此影响，通过导入新技术来降低成本成为银行的一项紧急任务。

2016 年 2 月 1 日的《朝日新闻》在头版头条报道了三菱 UFJ 金融集团正在开发本集团虚拟货币的消息[7]。该虚拟货币被命名为"MUFG 币"。这篇报道称拥有该行账户的人，可以以"1 日元 =1MUFG 币"的价格将存款兑换成 MUFG 币。向三菱东京 UFJ 的海外账户转账，现阶段的手续费是 4000 日元左右，使用 MUFG 币可以大幅削减这笔费用。而且，智能手机里的 MUFG 币可在机场等地兑换成外币。三菱 UFJ 金融集团目前也在积极考虑推出供未在自己银行开户的人使用的 MUFG 币。

2016 年 2 月 16 日，瑞穗金融集团表示将于 2016 年 2 月起携手电通国际信息服务（ISID）、CurrencyPort、日本微软公司等共同开展区块链技术相关测试（CurrencyPort，是一个开发将交易记录及结算手续、监督功能导入系统的基础技术的创业公司）。这 4 家公司表示，采用区块链技术有望构建出一个高速、安全、低价的系统。

2016 年 2 月 22 日，ORIX、ORIX 银行、静冈银行、NTT 数据、NTTDocomo 5 家公司发表声明，称已达成共识将共同研究将区块链技术应用到金融服务中的应用。

### 结算系统的应用

关于区块链是否适用于银行的主要业务——结算业务，目前正在开展相关测试。

住信 SBI 网络银行 2015 年 12 月 16 日宣布，将在野村综合研究所等的协助下开展测试，其目标是构建基于区块链技术的未来主要业务系统。

在这项实验中，他们要筛选出将区块链技术应用于主干系统和业务系统时需要验证的各事项。并且，构建起原型系统开展各种验证。

区块链企业 TechBureau（日本科技局株式会社）于 2016 年 4 月公布实验结果称，区块链技术可成功应用于存款、进账、对外付款、余额查询、流水查询等业务[8]。《日本经济新闻》等报纸也在 2016 年 4 月 18 日对此进行了报道[9]。

横滨银行及住信 SBI 网络银行的目标是构筑基于区块链技术的 24 小时 365 天不间断服务的转账系统，现阶段正在研究中。通过这个系统，银行方面负担的转账成本将降低为以往的 1/20~1/10[10]。

而且，三菱东京 UFJ 银行和日立制作所将开发基于区块链的支票结算系统。

银行的结算系统，是信息系统中要求最严格的。现阶段由于使用的是计算机主机，所以会花费难以想象的巨额成本。如果区块链能取而代之，对于银行来说，将节省数百亿日元左右。将区块链技术导入这个领域可谓意义深远。银行的主要系统有可能脱胎换骨。

国际转账业务特别重要。正如本书补论部分所述，基于现有机制，要完成转账中间需要经过众多中介机构。这些机构使用自己的数据库进行比对确认，确保交易正确无误，此过程将花费巨额成本和大量时间。如果使用区块链，不仅能降低成本，耗时也几乎能缩减为零。

2016 年 11 月 16 日《日本经济新闻》报道称，新加坡的金融货币厅（中央银行和金融厅的合并机构）正在测试开展基于虚拟货币技术的资金交易。除三菱 UFJ 金融集团外，美国银行、美林公司、瑞信、HSBS、R3 均参与其中。先验证银行间交易的效果，然后再探讨国际交易。

**向全社会公开的三菱东京 UFJ 虚拟货币**

2016 年 6 月 10 日的《朝日新闻》用整个头版版面报道，称三菱东京

UFJ 银行将在 2017 年秋左右开始面向全社会公开发行自己的虚拟货币[11]。

报道称该银行研究自己的虚拟货币尚处试验阶段，但要做到一般人都能使用，这显然具有划时代的意义。大型银行发行虚拟货币，此举有可能成为世界首例。

以往用虚拟货币转账，存在以下三个问题。

第一，价格波动大。第二，不容易和银行存款兑换。第三，结算确认耗时长达 10 分钟左右。我认为三菱东京 UFJ 的虚拟货币能解决这三个问题。

其特征是确定了与日元的交换价值。这强调了其作为转账手段的作用。

然而，要普及虚拟货币需要克服几个障碍。

第一，消费税。假如三菱东京 UFJ 的虚拟货币被认定是虚拟货币，就会产生消费税的问题。正如第 2 章所述，在日本购买虚拟货币时需要缴纳消费税。使用虚拟货币支付时需要另外缴纳消费税，如此一来就会造成双重负担。关于这个问题，据报道称相关部门正在商讨取消征收虚拟货币消费税事宜。

第二，规制上的问题。银行发行的虚拟货币，目前还不明确是否适用于现行银行法。虽然目前还不清楚金融厅将对三菱东京 UFJ 的虚拟货币如何定性，但因为它并不是比特币形式的虚拟货币，有报道称可能会将其认定为一种电子货币。

但是，这种看法并不妥当。第 2 章第 3 节将对其展开论述。在本书"补论 A　虚拟货币和电子货币法律上的定义"中也将详细讨论。

**其他大型银行紧追其后**

MUFG 币和现存众多的虚拟货币相同。但是，有以下三点不同。第一，存在三菱东京 UFJ 银行这样的管理者。第二，使用的不是公用区块链，而是私有区块链（关于二者的不同，请参照本章第 2 节）。第三，有与日元的交换价格。此价格由管理者三菱东京 UFJ 根据买卖情况决定。

虽然还没有确定要将虚拟货币列入银行资产负债表上的哪一部分，但是应该会被列入负债吧。

MUFG币使用量增加，相应存款就会减少。但是，另一方面，由于会增加MUFG币负债，负债的总额不会改变。所以，贷款也不会受到影响。换言之，不会影响银行的信誉创造过程。

有报道称，三菱东京UFJ计划推出新服务，使未在该行开户的人通过MUFGwallet（钱包）照样可以使用MUFG币。因为如果使用人群仅限于在该行开户的人，就会限定MUFG币的使用范围。MUFGwallet的用户之间能够相互转账、结算等。不仅限于个人，企业也可以使用MUFGwallet。

其他大型银行也发行自己的虚拟货币，那么此时它们之间将怎样进行转账呢？例如，持有MUFG币的某人想要向拥有瑞穗银行虚拟货币（假设叫"瑞穗币"）钱包的人转账，此时该怎么办呢？

这种情形，如同日本人向美国人转账美元。只要在交易所或交换所将MUFG兑换成瑞穗币即可转账。

### 采用固定价格制还是波动价格制？

这种情况下，存在采用固定价格制还是波动价格制的选择。采用固定价格制时（即任何一家银行的虚拟货币，1单位定为1日元），商品和服务有可能会出现很多价格。

出现这种情况的原因是，各银行发行的虚拟货币的便利程度可能存在差别。大型银行发行的虚拟货币被接受的程度取决于使用方便程度及附带服务，使用虚拟货币的店铺数量等。即便同样地设定为1币=1日元，实际的价值仍会变化。也就是说，有可能会出现一个物品有多个价格的情况。

例如，有可能出现"支付出租车费，用现金支付为700日元，用MUFG币支付仅需600日元"的情形。造成这种情形的原因是，对于出租车公司来说，使用MUFG币处理事务的成本要低于日元纸币。出租车公司将成本减少的一部分以降低出租车费的形式返还给了用户。如果这种情况发生的话，MUFG 币将急剧扩张，现金将受到排挤。

有人可能会认为这种双重价格纯属空想。但是，部分类似情况已经在现实生活中出现。例如，在便利店或百货商店用卡购物可以获得折扣。这就如同上述情形。

其他银行也发行类似的虚拟货币，那么必将导致多种银行虚拟货币间的竞争。于是，就会发生"使用某银行的虚拟货币折扣率高，使用其他虚拟货币折扣率低"这类情况。然而，要根据不同的虚拟货币制定不同的价格，这又是一件非常烦琐的事情。

采用固定价格制的另一个问题是，与国际收支的经常项目中会出现顺差、逆差相同，虚拟货币间也会出现顺差、逆差。

这个问题可以通过现有某银行间的转账系统（全银网络和日银网络）来解决，但是需要支付费用，这将会抹杀导入虚拟货币的优点。

基于以上考虑，我觉得采用波动价格制会更好。也就是说，并不是任何虚拟货币的 1 单位都等于 1 日元，承认前述内容中反映便利程度等的价值差。实际上，这个差别不是太大。而且，波动也不会像国外汇款那样大幅波动。

采用波动价格制，上述货币间的顺差、逆差问题可以通过价格变动来调整，不需要结算余额。因此，虚拟货币间的顺差、逆差也不需要现有某银行间的转账、决算系统。这样，虚拟货币将变成不依赖日银网络的货币。

这个世界将发生虚拟货币间的竞争。第 6 章第 4 节将论述其深层内涵。而且，如果使用虚拟货币的交易增多，将产生游离于中央银行结算系统外的经济圈。这个问题也将在第 6 章第 4 节进行论述。

### 与网上银行、电子货币的区别

银行发行虚拟货币，将提高用户使用时的便利性。因为不用去 ATM 就可以完成。只是，现阶段，使用网上银行也能完成相同操作。而且，电子货币也拥有类似的便利性质。

而且，银行发行的虚拟货币，存在银行这样的管理主体，从这一点来看，就和比特币等虚拟货币不同。这点和以往的电子货币有相似的一面。然而，在转账成本这点与电子货币是截然不同的。

不管是电子货币，还是从金融科技衍生出的各种转账手段，基本上都建立在银行结算系统之上。也就是说最终的结算，都是在银行的结算系统中进行的。因此，平均来看其转账成本不能低于银行转账成本。换言之，它们在降低转账成本方面具有局限性。

与此相对，虚拟货币基于区块链管理交易记录，较之传统转账方式，其转账成本可大幅降低。

## 2. 私有区块链是和恶魔订立的契约？

### 受管理、参与者受限定的区块链

银行逐渐对区块链技术产生兴趣，这是一个很大的转变。并且这变化是我们乐于见到的。

然而，需要注意的是，银行使用的区块链与比特币等虚拟货币使用的区块链存在本质区别。

比特币等虚拟货币中的区块链，被称为"公共区块链（public block）"，任何人都能参与到该计算机互联网（P2P）中。所以，一些不能信赖的人也可能参与其中，故有可能存在不正当行为。为防止此类事情发生，系统上布置了"Proof of Work"（PoW），使得数据篡改在事实上成为不可能（参照第 1 章，以及《虚拟货币革命》第 2 章）。我们已经强调过几次，"不存在管理者""不能篡改"是其重要特性。

但是，银行要导入的区块链，存在银行这一管理者，并且所有构成 P2P

的计算机均由银行选定。这被称为"私有区块链（private block）"。只有经过许可的人才能加入此区块链［然而，即便同为虚拟货币，瑞波币采用的是和私有区块链相似的、被称为"财团链"（Consortium Blockchains）的系统。后面将会对财团链进行说明。］

经济产业省《基于区块链技术开展服务相关的国内外动向调查》报告书概要资料（2016 年 4 月）称区块链与传统的集中管理型系统相比，具有以下特性。

（1）篡改极其困难。

（2）实质上的零停工系统（"零停工系统"指的是不会停止）。

（3）可低价构建。

这里，没有指出本书在第 1 章所述的"公开的、不存在管理者"这一特征。是因为，这里所指的区块链是私有区块链。

### 公共区块链与私有区块链的比较

将比特币作为转账手段使用时，确实存在问题。特别是，交易确认需要大概 10 分钟，确实比较麻烦。与此相对，私有区块链的参加主体已经获得管理主体许可，是可信任的，所以系统无需布置 PoW 机制。因此，在交易记录确认方面，私有区块链比公共区块链速度快。而且，其运行成本也被压低。所以，如果将区块链看作数据库，公共型将不敌私有型。

但是，私有区块链也存在很大的问题。由于存在管理者，所以必须基于对管理者的信任才能成立。

公共区块链的 P2P 网络中不存在管理者，系统通过 PoW 机制建立信赖关系。系统的运行不需要仰仗对参加者的信任这点十分重要，具有自由主义的魅力。而私有区块链不具有这种特性，它以削减成本为目的，与"自由主义的、开放的机制"截然不同。

当然，完全可能出现区块链型虚拟货币与银行虚拟货币并存的局面。

具体可以考虑以下方式。银行系统只用于银行间结算，其他各种虚拟货币相互连接，供企业和消费者自由使用。或者，交易本身继续沿用以往的集中型系统，区块链技术主要应用于数据管理。这一形式也可能出现。

而且，PwC 预测将来任何企业都会拥有自己的区块链[12]。一个应用一个区块链，一家公司可以拥有多达数百个区块链。

### 六个节点真的没问题吗？

如前文所述，TechBureau 就本章第 1 节中介绍的住信 SBI 等项目发布了报告。报告称，银行委托第三方开展的测试显示，私有区块链平台"mijin"适用于银行结算系统。

然而，实际上，对于这个新机制仍有疑问。从 TechBureau 的报告来看，P2P 由 6 台计算机构成。正如第 1 章第 1 节所述，比特币区块链中参与运行的计算机数量据说在 7000 台 ~10000 台。虽说公共区块链和私有区块链存在差异，但计算机数量相差也实在太大。

区块链系统具有强大的抗攻击能力这点已经得到证明，但问题是人们不禁会产生疑问：节点（构成 P2P 的计算机）没有被篡改吗？一般认为"这是银行管理的系统，应该不会出现此类问题"，但是完全确保系统安全这点上，并不能让人绝对放心。

金融厅会承认此系统吗？此外，金融厅会要求多大程度的安全性呢？（比如，对构成 P2P 的计算机数量不做要求，这样做真的可以吗？）此类问题今后仍需探讨。

然而，Hyperledger 项目（Linux Foundation 主导、世界一流 IT 公司协助开展的项目，旨在推动区块链技术进步）中，标准环境下的节点数是 15[13]个。而且，在"完全去中心化的共识过程"中，需要 50 个公司拥有 200 个节点[14]。

**许可型与非许可型**

在以上内容中，我们使用了公共区块链和私有区块链这两个词。由于存在"许可型与非许可型"的区别，下面我们将进行说明（参考表 3-1）。

表 3-1　公共区块链与私有区块链

| 管理者 | 参与 P2P | Pow | PoW |
|---|---|---|---|
| 公共区块链 | 无 | 自由 | 有 |
| 财团链 | 多个企业 | 许可制 | 无 |
| 私有区块链 | 单个企业 | 许可制 | 无 |

许可型区块链（Permissioned blockchain）中的计算机，得到多个或某一个组织（企业和团体）许可后，成为交易的确认者。与此相对，非许可型（Permissionless）系统中，任何人都可以参与 P2P。

许可型区块链与私有区块链几乎同义，非许可型区块链与公共区块链几乎同义。本书也将遵从这一用法。

在许可型中，存在选择确认者的管理主体。因此，该系统的去中心化程度较低。另一方面，确认交易的速度却很快（通常，数秒以内。据称使用 Hyperledger，1 秒内就能处理 10 万件交易）。

公共区块链向全世界公开交易记录，所以不适合用于处理保密信息。而且，要变更公共区块链的规则，需要共同体一致同意。另一方面，许可型区块链更容易设置读取权限、更便于修改规则。因此，它更适用于在企业及组织内部运用。

也存在"财团链"这一概念。这是许可型区块链的一种，在该区块链系统中多个组织共同组成管理主体。财团型指的就是多个金融机构共同运营的区块链。

### 浮士德博士的合约?

公共区块链所具有的公开、透明的特性,本来对于银行来说就很难接受。因为银行的优势大多来源于其掌握的相对于对方来说的非对称性信息。而通过区块链公开交易等,对于银行来说是不能容忍的吧(话虽如此,由于交易记录被加密,并非能立刻清楚交易者是谁)。

另一方面,使用区块链降低交易成本这一成效之大是毋庸置疑的。可以认为私有区块链正是为解决这一矛盾的和解。

Tapscott 在《区块链革命》中,引用了一位区块链专家的话,即"私有区块链是《浮士德博士的合约》"。个人认为这个表述真的很贴切,直击私有区块链的本质。如同作为返老还童的代价想要交出灵魂的浮士德,银行降低成本的代价是要交出公开性、透明性[①]。

即便私有区块链,只要涉及一定程度数量的计算机参与数据记录作业,那么也并非不能维持"去中心化"这一特性。所以,可以说能够确保抗攻击性强这一优点。(人们)正在研究有效地利用这一特性,将其列入中央集权系统中,朝着作为特定业务目中专业化的数据库来正确使用的方向发展。

问题包括以下几点。

第一,可能存在所有节点相互勾结、篡改数据的情况。一般认为"只有可信赖的计算机能通过预选成为系统节点,所以不会干坏事",但也不能保证此类情况绝对不会发生。

第二,管理者一直在监控系统运行。这既可能向好的方向发展,也可能走向坏的方向。虽然可以根据情况灵活处理,但另一方面,区块链规则也可能被管理者修改成更方便自己的规则。

第三,存在第 1 章第 2 节所述的交易对手风险。私有区块链中需要信

---

① 歌德的《浮士德》中,浮士德博士和恶魔靡非斯特交换合约,即"返老还童后的浮士德经历广袤世界的一切,作为回报,浮士德获得满足时,将灵魂交给靡非斯特"。

赖对方。但是，即便是银行，也可能在金融危机时突然破产。

综上所述，私有区块链不过是类似于去中心化的数据库。去中心化使该系统具有很强的抗攻击能力，成本也很低。但是，仅限于此种程度，"不依赖管理者，几乎不能篡改"这一最重要的特性却被私有区块链丢弃了。因此，不管私有区块链的应用发达到何种程度，也不可能构建起 trustless（无需信赖的）社会。

这一点非常重要，在此再强调一遍。"不依赖管理者，几乎不能篡改"这一特点是公共区块链的特性。但是，在报纸报道等内容中，很多时候却把银行虚拟货币这类私有区块链和使用财团链的情况也说成"使用了拥有难以篡改特性的区块链技术"。前文提及的经济产业省的报告中也有类似说法。但是，由少数节点构成、未导入 PoW 机制的系统中，并非完全不可能发生恶意串通节点、篡改记录的情况。

而且，作为数据库来看，区块链的性能未必优越。尤其不适用于记录那些需要频繁改写的数据。

银行和企业貌似都将区块链看作"廉价数据库，专门用于存储那些无需修改的数据"。

关于公共型和私有型的不同点，还要追加非常重要的一点。即，技术革新速度。

一般而言，在开放的系统中，各种人、各种组织参与其中，更容易发生技术革新。与此相对，封闭性的系统，一旦被采用就会一直持续使用下去。就银行来说，适合现行各种规制的系统一旦被采用，只要规制不变，很有可能技术也不会变。因为存在这个问题，所以从长期来看，公共区块链可能更优越。

## 3. 中央银行一旦导入，事态将发生巨大变化

### 中央银行有可能运营虚拟货币

中央银行可能会通过自身运营的区块链发行虚拟货币，将其作为国家法定货币。

这并非空想。英格兰银行在 2014 年秋发表了虚拟货币相关报告[15]。此外，在 2015 年年初发表的报告中也阐述了中央银行自身发行虚拟货币的可能性[16]。之后，又有多份报告问世[17]。

最近，有报道称正在讨论发行虚拟货币 RSCoin。而且，英格兰银行的经济学家在研究论文中，推荐中央银行发行自己的数字货币[18]。

加拿大中央银行也有相同的构想（预想使用比特币之类的虚拟货币进行替换，而非发行自己的虚拟货币）。

这些构想的重要目的是，中央银行通过给虚拟货币附加负利率，谋求负利率政策的贯彻实施。

而且，正如第 2 章第 1 节所述，BIS（国际清算银行）在 2015 年 11 月发表的关于数字货币的报告中谈到了中央银行发行自己的数字货币的可能性。

此后，这一动态向各国扩展开来。2016 年 1 月，中国的中央银行即中国人民银行也表示正在计划发行自己的虚拟货币。荷兰的中央银行即荷兰银行（DNB）在 2016 年 3 月发布的年度报告书中称"区块链将影响银行的收益模式，并有助于增加收益、削减成本"。此外，还表示正在研究开发实验性的虚拟货币"DNB 币"[19]。韩国的中央银行即韩国银行也在 2016 年 1 月向外界公开了自己的虚拟货币发行计划[20]。

中央银行发行自己的虚拟货币供全社会使用，这意味着货币制度将发生巨大变化。第 6 章第 4 节将对其展开具体论述。

日本银行在虚拟货币方面的动作包括，2015 年 12 月 21 日公开"《数

字货币》的特征及国际讨论"[21]。其中，对虚拟货币的基本运行机制进行了说明，还介绍了对 CPMI 报告书（前文所述的 BIS 的 2015 年 11 月的报告书）的讨论。然后得出结论，"今后继续关注数字货币及其底层技术动态的同时，关于其对决算系统、金融系统、中央银行业务等的影响，有必要继续深入考察"。然而，日本银行并未表示将采取何种具体应对措施。

2016 年 11 月 17 日，名为"关于中央银行发行数字货币——海外讨论及测试"的报告对外公开[22]。

报告中，列举了中央银行发行数字货币的下述三个好处。

（1）用户使用更方便

现金、支票等纸质结算手段的使用成本占 GDP 的 0.52%（新加坡）。以北欧为中心，无现金化趋势不断发展，人们正在积极探索削减发行和管理纸币、硬币的成本。

（2）确保金融政策的有效性

伴随比特币型虚拟货币使用的扩大，央行金融政策的效果将被削弱，通过发行数字货币能避免这种情况。而且，还能解决"零利率下限问题"（Zero Lower Bound，简称 ZLB）。

（3）货币发行收益（铸造税）

如果比特币型虚拟货币的使用扩大，中央银行的货币发行收益将减少，央行发行数字货币就能避免这种情况。

然而，围绕中央银行采用区块链技术，相关讨论并不仅限于用中央银行发行的电子货币（中央银行发行的数字货币）替换当前流通的纸币。也就是说，由于目前中央银行的支票账户（Checking Account）采用数字化形式进行管理，关于实际应用区块链技术管理此数据的讨论也包含在内。

另外，中央银行向全社会供应数字货币时，中央银行账户将广泛向大众开放，这就提出了一个颇有意思的论点，即"中央银行该向哪些主体提供账户"。

以海外为例，介绍了荷兰、加拿大、英国、俄罗斯、中国等正在进行的研究和测试。

而且，这份报告的结论也称，"细心跟踪海外中央银行进行的调查研究和测试动向的同时，自身也将从多种视角出发继续深化对这个问题的考察。而且，应积极地向 BIS 等国际性讨论建言献策"，这和 2015 年的报告结论基本一样。这里并没明确日本银行应以怎样的方向为目标。

# 第4章　区块链的应用：证券业发生革命性变化

尽管证券交易中导入了超高速交易，现状是结算及清算仍需耗时 3 天。通过导入区块链技术，可以大大缩短这些工作的耗时。

而且，区块链也将对保险业产生巨大影响。

## 1. 原来 3 天才能完成的支付将 10 分钟搞定

美国的证券交易所纳斯达克（NASDAQ）2015 年 12 月表示，其成功应用区块链完成了股票交易[1、2、3]。实践证明，区块链不仅能应用于比特币这类虚拟货币，还能应用于证券交易。

纳斯达克的该项目最初宣布于 2014 年 5 月，同年 10 月公开了项目内容。该项目被称为"Linq"，它采用区块链技术管理未上市初创企业发行股票的相关事宜。初创企业发行股票后，若有人想购入，Linq 将会促成交易、更新股票持有人名单。这里，将记录原始股发行及交易的所有相关信息。一切都是联网操作。

### 交易纳秒内完成，结算却需要 3 天

现阶段，股票交易已实现高速化。即便是日本的股票市场，自 2010 年"新一代交易系统 Arrowhead"运转以来，也实现了仅用千分之一秒处理订单的"超高速交易（HFT）"。

但是，结算机制，正如补论所述，既复杂又费时。不管是日本还是美国，完成结算都需要 3 天。这就是被称为"T+3"的行业惯例（T 是"Tradedate"，意思是证券买卖合约订立之日。T+3 指的是"结算日"在约定日的 3 天后）。但是，使用 Linq 会让其缩短为 10 分钟。

以往，原始股交易均由交易所或会计师等人工手动完成，因此特别复杂。通过使用区块链，不仅能缩短结算时间，还不需要相关操作人员。监察人、法律专家、账本管理人、顾问等"中间人"都将省掉。

基于此，金融机构后勤管理部门的业务将实现自动化。因此，纳斯达克的此次实验可以说是证券交易领域一项历史性的变革。

纳斯达克的 CEO（最高经营责任人）认为"交易所确实是一项伟大的发明。但是，如果有可信的公开账本，将重回买卖双方直接交易的时代，而且，即时结算将成为可能"。

纳斯达克认为这项机制也适用于公开股票的结算。

### 缩短结算时间将有效降低交易对手风险

区块链也有助于减少风险。结算时间缩短，第 1 章第 2 节所述的交易对手风险（最终不支付的危险。参照第 6 章第 2 节）将随之降低。

而且，如果像现在这样存在多个步骤的话，发生错误的概率会相对较高。而且，对其管理也是巨大的负担。如果使用区块链，将降低此类风险、节约时间。而且，能省去交易结算完成前银行及其他机构保存巨额担保资金的麻烦。

此外，也有助于预防欺诈。中央集权数据库，因为将数据集中于一个地方，所以对抗黑客攻击能力较差。与此相对，区块链将数据分散保存，抗攻击能力强。

关于改善证券领域结算机制的意义，将在第 6 章再次论述。

## 2. 日本交易所集团的测试

### 日本交易所集团的测试报告

日本交易所集团（JPX：包括东京证券交易所在内的证券交易所联合体）2016 年 3 月表示，将与 IBM 日本分部合作开展测试，试验开展基于区块链技术的证券交易[4、5]。

试验于 2016 年 4 月至 6 月实施。自 2 月份起，日本交易所集团联手 IBM 日本分部使用开源的分布式账簿架构（即 Hyperledger）开展了试验。这里的 Hyperledger 是 The Linux Foundation 于 2016 年 2 月为实现区块链的标准化而设立的项目[6]。4 月份野村总研、野村证券、SBI 证券、三菱 UFJ 金融集团等纷纷加入实验。

2016 年 8 月，测试报告《关于将分布式账簿技术应用于金融市场基础设施的可能性》以 JPX 工作报告的形式对外公开[7]。该报告使用的不是"区块链"一词，而是"分布式账簿技术（DLT）"。

尽管一些问题仍有待解决，但报告称"我们明白了区块链是一项可能颠覆金融商业构造的技术"。

### 使用私有区块链

首先重要的一点是，使用哪种区块链？

关于这个问题报告称，从长远来看，考虑到使用基于 PoW 机制的系统在提高性能方面存在局限，因此决定采用更高速的共识算法。具体如下。

节点管理及抗外部攻击等安全强度，与许可型网络（仅允许可信的参加者拥有那些参与承认的节点）相配合，使问题得以解决。

最好能实现对信息的读取权限和修改权限的细化管理，即一般用户仅能读取与自己相关的信息，另一方面，市场管理者可读取全部信息，并负责处理权利转移、所有权证明等。如此，可将节点数降到承认交易所需数量的最小限度。

系统仅允许交易所、清算机构、转账机构等市场管理者及取得市场参与资格的金融机构参与承认交易。而且，仅允许上市公司在 DLT 上查阅与自己公司的有关的数据。

核对卖方订单与买方订单、确保二者相吻合，开展此类比对工作时，集中管理订单更容易从中掌握最优价格。从这一特点来讲，DLT 在这一业务领域并不太适用。然而，在买卖双方的直接交易中，竞争性相对较弱，所以 DLT 也是可以用来处理此类工作的。

不同于交易，清算、决算基本不需要集中处理，所以基于 DLT 的分布式处理能带来可用性等方便。我们考虑这会是分布式账簿技术最核心的应用领域。

证券市场的研究报告（Post Report）领域通过引入 DLT，有望将来大幅提高现有业务流程的效率。

## 3. 证券交易的清算与决算将发生改变

### 证券交易领域的应用极速推广

此后，证券交易相关动态急剧变化。

德国证券交易所、伦敦证券交易所（LSE）、澳大利亚证券交易所（ASX）等已经开始研究基于区块链的证券交易。韩国证券交易所及加拿大的多伦多证券交易所也紧跟其后[8、9]。

瑞穗银行、富士通、富士通研究所于 2016 年 3 月对外表示，他们共同开展了一项测试，应用区块链技术将跨境证券交易的结算时间从以往的 3 天成功缩短为当日[10]。

区块链应用于证券交易的尝试，并不限于上述动态。纽约的 Symbiont

于 2015 年 8 月正式发行了应用区块链技术的证券[11]。

美国的证券交易委员会（SEC）承认通过互联网发行的证券[12]。提出这一申请的是在线零售商 Overstock.com。Overstock 早已将区块链应用到了无需 SEC 认可的私募债券中。SEC 这次的措施，认可了公募债券也可以使用区块链进行交易。Overstock 计划也向其他公司提供基于区块链的证券发行服务。此举对于未来证券交易具有深远意义。

### 区块链将如何改变证券界

让我们结合上述内容考虑一下区块链将如何改变证券界。

首先是交易，正如上述日本交易所集团的报告所指出的，和现阶段一样，交易还将在证券交易所进行。

其后的过程中，证券的结算及资金的结算将与现在大不相同（证券交易的清算及结算机制极其复杂。关于这部分，请参照补论 B "当今结算系统概要"）。

首先，是证券的结算。目前日本已实现证券电子化管理，因此，从证券登记结算机构（在日本，是"证券保管振替机构"）办理证券持有人名册的变更登记到区块链记录管理的转变，应该较容易实现。

投资者及证券公司只需查看区块链，便能及时确认自己所购入的证券是否已经确实记在了自己名下。所以，将不再需要进行核对等操作，大大地降低了事务处理成本。

另一方面，资金的结算却没那么容易。因为货币系统本身尚未改变。将虚拟货币导入该系统，预计资金结算效率将会提高。但这并不能立刻实现。

然而，即便资金结算维持现状，使用信托付款就可能实现 DVD 结算。这里的"DVD 结算"指的是同时交接证券和资金的方式（参考补论 B）。"信托付款"指买方将货款转入信托付款账户，款项确认到账后马上发货的机制。确认发货后，信托账户中的款项将转帐至卖方。

证券交易时，首先买方将货款转账到信托付款账户。一经确认到账，信托付款账户就将此信息发送给区块链，在区块链中将变更持有人姓名。信托付款账户确认持有人已变更后，就会向证券卖方的银行账户付款。

正如补论所述，清算机构的作用是消除交易对手风险、使用净额结算（Netting）减轻处理事务的负担。但是，使用区块链能迅速确认证券持有人，所以区块链技术将弱化清算机构的作用。

现在的股份公司发行股票，需要证券市场来促成交易。但是，发展到最后将不再需要证券登记结算机构和证券清算机构。

如此，有望大幅削减证券交易成本。

## 4. 区块链也将极大地改变保险业

### 将被智能合约取代

区块链技术也将对保险业产生巨大影响。麦肯锡咨询公司等制作的报告中探讨了这个问题，报告指出区块链可能给保险业同时带来积极影响和消极影响[13、14]。

保险业务主要指保险公司判断某事故是否属于保险合同所规定的承保范围（达到保险公司可支付保险金必要条件的事故。如汽车保险中的人身事故及火灾保险中的火灾等），决定赔付多少保险金，并执行保险金赔付的一系列程序。

在现阶段，投保人首先要通知保险公司，告知发生了损害。其次，准备申请保险金的必要文件，提交保险公司。保险公司基于这些文件，判断是否应该支付保险金。这些手续全部使用纸质材料、由人工判断完成，因此投保人真正拿到保险金需要等待很长时间。

但是，这些程序可以写成智能合约的形式。然后使用区块链自动执行。届时，将需要对实际发生的事故作出评估，人们可使用官方数据或 IoT 数据进行确认，第 7 章中还介绍了多种其他的确认方式。

### 使用区块链的保险提案

EY 全球保险（EY Global Insurance）论述了将区块链应用于保险的可能性【15】。其概要如下。

参保人的身份、保密信息、合约全部记录在区块链的总账中。支付保险金、修改合约内容、提出保险申请等时候，该保险合约将得到及时验证，以确保交易正确无误，该验证独立于参保人之外进行。

系统提供交易记录的同时，还能提供去分布式数据库，用于以独立于参与者的立场验证顾客、保险证券、保险金申请的正确性。

采用区块链机制可以消除错误、粗心大意，有助于发现不正当行为。由此，将不再需要可信赖的第三者，还可以防止重复进行交易，系统提供可验证全部交易的公开记录。

使用手机的照相功能收集证据，有助于及时发送证据、及时对损害状况进行确认。使用移动通信技术能更简便地开展灾后理赔。区块链技术使基于数字资料进行保险理赔成为可能。

现在此类保险已经问世了。例如，InsurETH 推出了能够在飞机航班延误时即时赔付保险金的业务。而且，此类快速理赔模式也适用于汽车保险。

2016 年 3 月，英国的保险技术初创企业 SafeshareGlobal 联手共享企业 Vrumi，共同推出了一款基于区块链技术的住宅所有人保险【16、17】。导入区块链后，保险业有望大幅节省人力，到时候现有保险业的形态将发生巨大变化。

而且，人们也在尝试将区块链技术应用到金融衍生品。2016 年 4 月摩根大通集团、花旗集团等，试验将区块链应用于记录信用违约互换（CDS），取得成功。

# 第 5 章　传统技术型 Fintech（金融科技）及其局限

新型转账、结算服务、社会借贷、人工智能提供的投资咨询等被称为
"Fintech"。本章，我们将就着眼于其中不使用区块链技术的部分。

很多初创企业正在不断进入该领域，银行不适当作为的话，其主要业
务将可能丢失。

## 1. 现有技术提升金融效率

### Fintech 最重要的应用是转账、结算

Fintech 是把 "finance"（金融）与 "technology"（科技）融合在一起得
到的新词。它是一场在金融领域有效利用 IT（信息技术）的新技术革命[1]。

金融业务本身就是处理各种信息，所以 IT 革命能更早一些发生的话会
更好。但是，因为金融领域存在多种限制，尽管技术上可行，很多 IT 服务
并未能充分应用到金融业。金融领域长期依赖陈旧的技术，因此，一直未
能向用户提供到位的服务。这一情况近一两年也在不断发生变化。

众多新服务纷纷登场，在快速发展的企业中，有些已拥有可与传统
大银行匹敌的总市值。为什么会出现此类现象？该如何评价其未来的发
展呢？

Fintech 包括三个主要领域。（1）转账、结算；（2）绕开银行进行融资
的 "社会借贷"；（3）基于大数据的投资咨询与保险。首先，前两个领域

的主要服务如表 5-1 所示。虽然每个都很重要，但发展最为惊人的是转账、结算领域。

表 5-1　Fintech 各领域的主要服务

| 1. 转账、结算 |
| --- |
| 1-1 在线支付服务<br>PayPal<br>Stripe<br>Braintree<br>SPIKE<br>WebPay<br>Yahoo!Wallet FastPay<br>乐天 ID 支付<br>Bitwala |
| 1-2 移动支付<br>Square<br>PayPal Here<br>Coiney<br>乐天智能支付<br>ApplePay<br>微信红包<br>Venmo<br>Facebook、Messenger |
| 2. 社会借贷 |
| ZOPA<br>Prosper<br>Lending Club<br>OnDeck<br>Funding Circle<br>Kickstarter<br>Indiegogo<br>SBI 社会借贷<br>AQUSH<br>maneo market |

### PayPal 的总市值与瑞穗 FG 持平

正如下节所述，PayPal 是一家提供在线支付服务的美国企业。当时，eBay 收购了作为独立公司的 PayPal，2015 年 7 月 PayPal 从 eBay 独立出来并再次上市。总市值超过 eBay 达到 500 亿美元（按当时汇率计算约为 6 兆日元）。这是因为，虽然 eBay 的主要业务是线上拍卖，但转账业务的增长率更高。

当初 PayPal 在 IPO 上市不久，就于 2002 年 7 月被 eBay 收购了，当时的收购价格为 15 亿美元。后来 PayPal 的价值竟达到 2002 年的 33 倍，超过了其母公司。

日本各大型银行的总市值如下（2016 年 12 月），三菱 UFJ 金融集团 9.7 兆日元、瑞穗金融集团 5.2 兆日元、三井住友金融集团 6.2 兆日元。总之，PayPal 已经成为总市值基本与三井住友持平的大企业，而且仍在保持快速增长。

另外，在 Fintech 的社会借贷领域，美国的"借贷俱乐部"于 2014 年 12 月上市，总市值约 1 兆日元，超过了横滨银行约 6500 亿日元的市值总额。

即便是转账领域的初创企业，也出现了总市值同等程度的企业。《华尔街日报》"The Billion Dollar Startup Club"专栏报道称，Square 最新的总市值为 45 亿美元、Stripe 为 50 亿美元[2]。这些也都能够和日本的大型银行相匹敌。

### Fintech 出现的背后是对金融服务的不满

Fintech 备受期待的背后是对现在金融机构的不满乃至反抗。

金融服务使用不便。（客户）要在银行排队等候，而且下午 3 点就停止营业。网上银行使用不便。

另外，转账成本高。特别是海外转账，成本非常高。向新兴国家转账成本也极高。这妨碍了与新兴国家间的经济分工。不得不说金融业对信息技术的应用与其他行业相比显著落后。

埃森哲在 2015 年 7 月发表的报告中指出，大型金融机构在创新和引领潮流方面做得并不到位[3]。所以，基于用户立场的新服务不断出现的话，现有系统内发生革命只是时间早晚问题。

## 2. 转账、结算中的 Fintech

### 在线支付的鼻祖 PayPal

下面是关于 Fintech 在各领域所提供服务的概况。

在网上店铺支付时，最常用的是信用卡。但是，个人及小企业运营的网上店铺，在导入信用卡结算时，需要通过信用卡公司的审查。通过后，需要支付登录费及包月费。因此，个人及小本企业导入信用卡结算并不是一件简单的事。

因此，诞生了"在线支付服务"。网店无需直接与信用卡公司签订合约，也能够在网页导入信用卡结算。大多数情况免除初期费用及包月费，对收据金额计费。

使用信用卡，大多数时候是在月末结算后的 1 ～ 2 个月后进款，而使用在线支付，最短数日就可进款。

PayPal 始于 1998 年，提供在线支付服务。其创始人是作为特斯拉汽车及空间探索技术公司 CEO 而闻名的埃隆·马斯克（Elon Musk）。

用户在获得 PayPal 用户名的同时，也能拥有资金储蓄账户。该账户使用方式与银行账户相同，可在买入时用于支付，也可用于收取卖出商品的货款。总之，可像互联网钱包一样使用。

从 PayPal 账户向指定转账方的邮箱地址转账过程中，由 PayPal 负责从中斡旋金钱的授受，因此无需告知交易方自己的信用卡号码及账户号码。所以，被认为是安全的服务。账户余额不足时，将从信用卡或银行卡上划账。PayPal 账户里的款项，可以提现到银行卡。

转账方无需付费，但会根据金额向接收方收取一定手续费。然而，在日本，不能从银行向 PayPal 账户转账。

**Stripe、SPIKE 等更便捷服务的出现**

最近，在线支付领域出现了更为便捷的服务。

具有代表性的是 2011 年创立的 Stripe。只需在网页内插入数行编码，就能在同一界面轻松添加结算功能。而且，在世界范围内进行支付时，可轻松兑换为他国货币。2014 年 5 月，Stripe 公司表示将在日本开展业务。它与三井住友合作共同推出面向日本国内的服务。日本国内的手续费一律为 3.6%。

另一个是 Braintree。2013 年 9 月被 eBay 收购。服务内容虽与 PayPal 相近，但可以简单地安装与结算相关的各种服务。

SPIKE 是 Metaps 公司运营的在线结算服务，其在日本的市场份额正急剧扩大。面向个体户和小企业推出的"FreePlan"规定，对每月前 100 万日元的结算免除初期费用、包月费、结算手续费。

日本国内类似的服务有 WebPay（2015 年 2 月 LINE 表示收购 WebPay）、雅虎的雅虎（Yahoo!）钱包、FastPay、乐天 ID 结算等。

为扩大网上结算用户范围，有必要降低成本。但是，只要仍然依赖信用卡，就很难将手续费率降到 3% 以下。因此，有必要改变商业模式。

为此，大多数企业使用了"免费增值模式"。即，对高端服务收费，并利用由此获得的收入，低价或免费推出普通服务。

而且，2015 年 12 月 Bitwala 表示，将推出能向全球所有 PalPay 账户进行比特币转账的新功能。假如比特币转账的使用范围扩大，那么转账成本将有可能大幅降低。

**智能手机"移动支付"**

使用智能手机、平板终端进行信用卡支付，这被称为"移动支付"。

概念中总认为在线结算就是指在网页上的支付，而"移动结算"使实体店铺的结算更加容易。特别适合零售店、服务业等小型企业。

以往使用信用卡支付时，需要在收银台的读卡器上刷卡。导入该刷卡系统需要一定成本，小型店铺往往难以负担。

移动支付将智能手机用作信用卡支付终端，因此也称为"手机支付"。

"话费支付"与其相似却是另一概念，由电信运营商进行支付，因此也被称为"运营商支付"。使用手机话费支付购物费用。

在移动支付领域，Square 很有名。它由推特的创始人 Jack Dorsey 与 Jim McKelvey 于 2009 年创立。将邮票大小的终端"SquareLeader"插入智能手机或平板电脑的耳机插孔，安装专用 APP "Squareregister"，就可以将智能手机等移动终端作为信用卡 Leader 使用。

这样，即便是无力负担高昂信用卡结算机的小型店铺，也可以使用信用卡进行结算了。钱款最短在下个工作日就能转到银行账户。

2012 年，PayPal 发布了 "PalPayHere"，这是一款智能结算服务，在耳机插孔处插入小型终端后智能手机就能当作信用卡结算终端使用。该服务在美国等国家已推广，日本目前也有。

其后，此类服务不断增加。日本的初创企业 Coiney 在 2012 年 10 月推出智能手机结算服务 "Coiney"、同年 12 月乐天的"乐天 smartpay"上线。2013 年 5 月伴随 Square 进军日本市场，竞争白热化。

Square 进入日本时，手续费利率只有 3.25%。为与其对抗，"乐天 smartpay"将其 4.9% 的利率、"PalPayHere"将其 5% 的利率、Coiney 将其 4% 的利率统一降为 3.24%。

伴随着移动结算技术的不断进步，到现在为止，有将近 1500 家公司在提供相关服务。可以说是鱼龙混杂。

2014 年 10 月，Apple 推出移动支付服务 "ApplePay"。这项服务指的是在 iPhone 上输入信用卡或银行卡信息，只需一触就能在店里完成支付，或者在 APP 里完成结算。iPhone 6 内藏 NFC（Near Field Communication：近距离通信）功能，只需在读卡器上轻刷手机就能完成支付。一触即付，这与

Suica 等预付式电子货币一样简便易用。但是，店铺方面表现不太积极，因此现阶段并未广泛普及。

谷歌为将名为"谷歌钱包"的支付 APP 标准化地搭载在智能手机上，正与 AT&T 等大型通信公司通力合作。

信息服务平台"微信"（Wechat）的运营商中国腾讯控股（tencent）在 2015 年旧历新年之际大力推广了其个人间的转账业务"微信红包"。

美国调查公司高德纳称，全世界的移动结算市场规模，预计将从 2013 年的 30 兆日元扩大到 2017 年的 70 兆日元。

### 深受学生欢迎的个人间转账 APP Venmo

也有个人间（P2P）的转账服务。美国诞生了一款名为 Venmo 的 APP，在学生中很流行。使用 Venmo 账户余额、借记卡、银行账户进行 Venmo 转账可以免费，使用信用卡时将收取约 3% 手续费。Venmo 目前正积极发动餐厅、咖啡馆、小卖铺等使用，并计划从中收取几个百分点的手续费。

无独有偶，在美国，Facebook 也将在其"Messenger"上追加个人间转账功能。

美国的 P2P 转账服务，现在正急速扩张。

当前电子货币和 PayPal 一样，其业务主要集中在网上小额结算。但是，普遍认为这类系统具有较强的"扩展性"。也就是说，即便转账规模变大也能应对。所以从原理上来讲，电子货币也能适用于企业间结算。

而且，正如第 2 章第 2 节所述，比特币领域出现诸如 Circle 这类服务，使得免费、快捷地兑换现实货币成为现实。如此一来，上述基于传统技术的转账、结算服务不管从功能上还是成本上，都极可能不敌新兴服务。也可以考虑转型开展比特币业务，如果不转型的话，将可能被淘汰。

## 3. 社会借贷的可能性与问题点

### 发展中的社会借贷

Fintech 的另一应用领域是"社会借贷"，即通过互联网将有意借款的人与打算投资的人连接起来的服务。

在社会借贷之前，已经存在"众筹"。也就是有意支持特定项目的赞助者，通过互联网进行投资的服务。具体包括 OnDeck、FundingCircle、Kickstarter、Indiegogo 等等。

社会借贷作为众筹的一种形式，也被称为"融资型众筹"。

2005 年英国的 ZOPA、2006 年美国的 Prosper、2007 年美国的 LendingClub 分别上线社会借贷服务。德国、中国、韩国、澳大利亚等国家，也陆续开发出社会借贷服务。

Crowdsourcing.org 的资料显示，全世界的众筹市场从 2013 年的 61 亿美元到 2014 年的 162 亿美元，实现了令人惊叹的 2.7 倍增长，而 2015 年将达到 344 亿美元。

其中，社会借贷约占 70%。众多预测称其今后也将迅速发展。

2014 年 12 月借贷俱乐部在纽约证券交易所上市，上市时总市值达到 54 亿美元。

掌握中国 50% 网络结算市场份额的阿里巴巴，正运用基于结算获得的客户数据，积极进军小额金融市场。

除以上服务外，还存在不正当行为监管、账户管理等新服务。而且，基于大数据及人工智能等技术的资产管理等服务也将登场。

### 日本将应对企业的短期资金需求

在日本，社会借贷平台需要根据《贷金业法》的规定进行登记，开展陌生人间借贷中介服务时还需要完成金融商品交易从业登记。

日本国内广为人知的社会借贷公司包括 SBI 社会借贷、经营 AQUSH 的 Exchange Corporation、maneo 市场等。

浏览这些公司的网站，可以看到投资产品（Loan Fund）一览表。maneo 中很多投资项目的年化收益率在 5% ~ 9%，SBI 社会借贷上的实际年化收益率在 2% ~ 6%。

融资项目包括以下几类基金。

第一，主要为个人消费提供融资服务的基金。

第二，应对企业短期资金需求的基金。中小企业想获得银行融资，审查往往要花费数月。因此，对高利率快速融资的市场需求非常可观。而社会借贷恰好可以满足此类需求。

第三，向海外借款的基金。在日本国内，资金供给充足，但资金需求不够。与此相对，大多数新兴国家有资金需求，但资金供给不到位。因此，正是着眼于上述世界性资金供需不平衡，日本将提供借款给这些国家。

### 风险应对措施、融资方向定位恰当吗？

关于日本的社会借贷，需要指出以下两点。

第一，风险应对。银行担负呆账风险，并向存款人支付相应利息。这样，虽说存款人有保障，但是大部分利益却由担负风险的银行获得。与此相对，在社会借贷中，投资人担负呆账风险。个人与企业很多情况下从银行得不到融资，于是才转向社会借贷渠道融资，因此社会借贷领域的投资风险很高。

应对风险的基本方法是分散投资。社会借贷也采用这一方式。首先，将多个借款人汇总到一个基金产品中，借此分散风险。其次，投资对象是基金，所以可以从小额开始投资（最低出资额在 1 万日元的情况居多）。这样一来，就可以将资金分散到多个不同的基金中进行投资。

现阶段，还没有不能收回资金的事例报告。但是，并不能保证以后也不会出现。虽说是分散投资，假如基金都集中用于同一行业，一旦市场条件发生变动，由此带来的风险依然不能有效避免。

而且，虽说投资收益率的大部分来自风险溢价，但是有必要清楚判断收益率与所承受风险程度是否匹配。但是采用基金形式的话，投资人并不能清楚了解项目详情，他们不了解融资企业的财务状况、核算计划、担保详情等。本来这些信息应该充分提供给投资者供其参考，以便其正确评估投资对象的担保价值、合理判断资金回收可能性的。

第二，融资对象。在日本，为个人及创业公司提供的融资没有明显增长，给房地产相关领域提供的融资却在不断增加。房地产行业存在大量中小微企业，确实对资金需求比较旺盛。但是，从社会方面来看，这样的融资倾向真的理想吗？

社会借贷的前身——众筹被人们用来支持电影制作及其他特定项目，具有浓厚的社会性。社会借贷中，例如借贷俱乐部的投资人会仔细甄选投资对象。海外社会借贷急速发展的背后，是迫切希望改变社会的信念，这一点绝不能忘记。但是，在日本，这样的信念很薄弱，大家只是将社会借贷看作"收益率比定期存款高的投资对象"。

### 银行对贷款业务态度消极

社会借贷迅速发展，其身后的大背景是银行对贷款业务的态度转向消极。国际清算银行（BIS）的巴塞尔银行业条例和监督委员会的常设委员会——"巴塞尔委员会"于2010年提出了监管银行自有资本比率的《巴塞尔协议Ⅲ》草案，银行为提高自有资本比率，对贷款的态度转为慎重[1]。对外贷款时，也只考虑贷给风险较小的大企业。

---

[1] 《巴塞尔协议Ⅲ》规定了开展国际业务的银行的自有资本率。该协议规定普通股与内部留存等组成的"核心自有资本（Tier1）"与有可能会发生投资及融资等损失的"风险资本"必须维持在一定比率之上。

最近，银行引入了负利息（日本也在 2016 年 1 月末开始实施）。结果，银行对存款的态度也变得消极。对贷款也持消极态度。在这种条件下，社会借贷有可能取代银行成为信用中介。然而，我认为存款人与社会借贷的投资人分属不同圈层，社会借贷直接的影响力可能不会很大。

现阶段向个人提供的融资，大部分是住宅贷款、购车贷款，贷款的用途受到限定。除此之外，就只有高利息的消费者贷款（Consumer lending）了。消费者贷款被视为个人破产者增加的重要原因。与此相对，社会借贷无需担保、不需要保证人，用途也不受限制。而且，与消费者贷款相比利息更低。

发展中国家也特别需要消费者贷款。成立于 1983 年的格莱珉银行推出"微型贷款"金融服务，主要为农村地区的贫困者提供无担保融资，因此也被称为"贫困者的银行"。2006 年，其创始人穆罕默德·尤努斯获得诺贝尔和平奖。

**贷款领域的新需求与供给**

贷款领域，相较于转账业务，其社会经济属性更强。

该领域制度改革的必要性也比转账领域更迫切。这是因为尽管宏观经济发生了下述变化，但金融系统并未相应调整。

哪个部门资金过剩（贷款人）、哪个部门资金不足（借款人），经济发展阶段不同，情况也在不断变化。在日本的高速经济发展期，家庭曾是资金过剩部门，企业是资金不足部门。所以，银行聚拢资金，向企业发放贷款，这是金融的基本功能。银行在日本经济高速发展的过程中发挥了重要作用。

其后，政府逐渐变为资金不足部门。因此，金融机构资产中国债比例增加。而且，企业变为资金过剩部门，家庭的资金过剩显著减少。后者主要由人口老龄化引发。

所以，资金的贷款人及借款人发生了很大变化。这要求金融结构应随之做出调整，即企业转型为贷款人，老年人家庭转型为借款人。该结构与高速发展时期的金融结构完全相反，但实际上，金融机制并没有做出此类改变。

另一方面，资金筹集方式也有变化。不同于以往通过存款筹集资金，现在使用互联网筹钱已成为可能。即便不具备大规模的支行店网点，小型金融企业也能筹集到资金。

在贷款方面，可以考虑用家庭所拥有的不动产和耐耗品进行抵押贷款。也有人提出构想，以加入了智能合约的家庭耐耗品提供担保，申请贷款。另外，在日本，以不动产作为担保的住房反向抵押贷款也是一个重要的研究课题。

诸如此类的新型贷款业务，在理论上是可行的。所以，发展好的话，有可能会开拓一个崭新的世界。

**基于大数据的投资咨询及保险**

除上述内容外，Fintech 中也存在基于大数据及人工智能技术的投资咨询及保险。

然而，人工智能在资产运用领域能发挥多大作用仍是未知数。现在的人工智能立足于深度学习技术。所以，基于人工智能的投资咨询将依据外部的大量数据来逐渐完善判断。从这层意义上来看，投资咨询将变得缺乏理论根据。实践证明深度学习在图形识别及语音识别等领域卓有成效，然而，在资产分配领域即便其适用，也只是模仿以往数据（换言之，以往人们采用的方式），并不能保证有效。

而且，虽然市场可将投资战略看作"不能失败的战略"（达到市场平均表现的战略），但是从原理上来说，将其看作"胜利战略"是不可能的（实现了超越市场平均表现的战略）。

在保险领域，基于大数据的新保险商品的开发不断推进。例如，根据合约人的详细运营状况，为每个合约人提供费率固定的服务。日本损害保险公司推出的"Drlog"（Drive 与 Log 的复合词）是一种新型汽车保险，将基于通信设备及 GPS 的汽车行车数据计入保险商品。在美国，有的保险依据 30 天的行车记录决定保费。

然而，监管不正当行为、管理账户等新服务也将登场，这些也可以认为是金融科技的一部分。

## 4. 规制及法律制度有效吗？

### 从 PayPal 缺位看日本型金融规制问题

正如本章第 1 节所述，PayPal 于 2015 年 7 月再次上市，总市值大约 6 兆日元。形成如此巨额市值的原因是海外网上购物，因为其理所当然地将 PayPal 作为支付手段。不仅是美国，欧洲也在广泛使用 PayPal，可以说 PayPal 是世界性标准。关于比特币，美国人抱有最多的疑问是："比特币与 PayPal 有何不同？""PayPal 中可以使用比特币吗？"

然而，日本几乎不使用 PayPal。PayPal 在日本的缺位，真是一个很不可思议的现象。

究其原因，包括日本人更倾向于使用现金、使用 Suica 等日本特有的电子货币等。确实不能否认这些因素。此外，在 PayPal 中使用借记卡（银行发行的结算卡，使用该卡结算，货款可立即从账户划出）转账手续费可以免除，而在日本该卡并不普及。此外，由于使用 PayPal 的店铺很少，所以便利店发行的电子货币更为方便。总之，PayPal 得以普及的基础设施还不完备。

但是，原因并不仅限于此。金融规制的影响也不能忽视。事实上，到某时点为止，从形式上来说，在日本 PayPal 不能提供服务。这是因为，在日本，原则上只允许银行进行转账业务。因此，不是日本银行的 PayPal 在日本营业是违法的。

2010 年 4 月,《资金结算相关法律》（资金结算法）实施，开始允许普通企业开展转账业务（资金转移业）。但是，能够进行转账业务的仅限于在金融厅完成"资金转移业者"注册的企业。要完成注册，需要准备 1000 万日元以上的保证金，并说明公司内体制及营业方式，还必须证明即便情况恶化也能保证收益。即便已经注册，也需要用户本人履行确认义务。

没有登录的 PayPal，不能进行商业用途以外的转账。2010 年 3 月，日本宣布停止此前上线的 PayPal 专有账户用户间的转账服务。

2012 年，PayPal 在日本设立 PayPal 公司，并在金融厅进行了转账公司登记。至此，PayPal 终于可以在日本营业了。但是，这与金融科技移动支付领域的发展趋势截然相反。PayPal 是完成注册的公司，需要进行严格的加盟者身份确认。但是，其他没有进行登记注册的转账公司，却可以不履行该义务。因此，尽管日本在最初就导入了移动支付，但在 APP 的下载数量方面依然落后于其他国家。

### 区块链将改变以往金融管制环境

抽象地讲，市场的作用就是连接需求与供给。金融也一样，其作用就是连接支付人与收款人、资金的出借人与接收人。

智能手机的技术不断进步，促使需求供给的匹配更加高效。因此，将引发取消传统规制等巨大变化。Uber 及 Airbnb 已在租车及空间出租领域掀起变革。金融领域发生同样的变革，也在预料之中。

但是，信息技术在金融领域的作用与在租车、空间出租领域的作用截然不同。在租车及空间出租中，用户通过智能手机可迅速完成服务评价、做出及时反馈。这就克服了信息的不对称性。因此，美国等国家不断放宽管制，使得新型服务的使用范围得以扩大。

但是，金融领域的状况却大为不同。有些交易金额巨大，技术上存在发生不正当行为的可能性。用户的信用信息未必完整，但有时却需要给信用信息不完整的人提供贷款。而且，不论是经济领域还是政治领域，金融机构都具有极重要的地位和影响，汽车租赁公司和旅馆是不能与之相提并论的。所以，一旦金融出现问题，社会将受到很大影响。

正因为如此，金融管制比其他领域的管制更为必要。不仅日本，任何国家都须加强金融管制。所以，金融部门相比其他部门，改革进度缓慢。

### 银行管制严格，所以不会改变？

随着 Fintech 的发展，金融界不断成长壮大的初创企业是否会取代银行？

有观点认为，银行地位在不断下降，也有观点认为，初创企业的发展存在局限性，所以银行支配金融业的格局不会发生变化。支撑后者观点的理由正是严格的银行业管制。

后者认为，新技术的诞生与由新技术引发的业界格局改变，在原理上是不同的。

这与以往的 IT 相同。在零售业，网购成为可能，甚至在某些领域网购已取代传统店铺。例如，亚马逊打败了原来的鲍德斯等店铺（鲍德斯在美国是仅次于 Barnes&Noble 的第二大连锁书店，2011 年经营破产）。

此外，IT 革命过程中，硅谷的初创企业极大地改变了社会。但是，这主要发生在管制缺位市场。在高度管制领域，不能断言初创企业获得了成功。

IT 的发展对金融业潜在冲击巨大，但这种潜力未必能够转为现实。银行是一股社会性极强的势力。而且，金融服务管制严格复杂，其他业界不可企及。

因此，金融业有效运用 IT 时也必须遵守业界规则，遵从监管机构管制。新型高性能服务即便在技术上可行，实际投入生产时，也必须获得监管机构颁发的许可证等文件。换言之，即便技术进步，也不一定能直接转变为现实生产力。

基于上述情况，金融领域中初创企业的失败率要高于其他领域。这正是怀疑论者的观点。

于是，出现以下两个版本。第一，新系统由银行外初创企业创立。第二，新系统以银行为中心打造。

现在很难预测哪个版本会成为现实。而且，未来的发展方向也会受到管制运作方式的影响。

第 2 章第 3 节中的银行法修正旨在督促银行出资 Fintech 相关 IT 企业。总之，这是银行为发展 Fintech 放宽了管制，而不是为了方便初创企业更容易进入金融领域。换言之，这是为了实现第二个版本。

而且，正如第 2 章第 3 节所述，还不确定新货币的认可范围。即便传统电子货币及基于私有区块链的虚拟货币获得认可，未来基于公有区块链技术的虚拟货币也不会得到认可，这一点毋庸置疑。

金融是经济活动的基础，金融活动的高效运行至关重要。面对管制，须不拘泥于金融机构利害，站在用户及整体经济立场上进行考虑。

**管制越严格，进步越缓慢**

严格的银行业管制使得新兴主体很难参与进来。这是毋庸置疑的事实。所以，银行地位极可能不会动摇。但是，也必须注意以下几点。

第一，管制越严格，越会妨碍导入新技术，阻碍社会进步。

第二，尽管管制严格，但并不是不可改变。Uber 在美国的发展，表明租车管制这一社会性机制改革成功。除为了更方便打车外，出租车相关管制放松才是 Uber 获得飞速发展的原因（然而，只是美国一部分州放松了管制，不是全部州）。

第三，存在"管制从一开始是否可行"的问题。比特币是典型案例，由于不存在运营主体，即便监督机构有意管制，在技术上也是不可能的。

第四，国内管制无法解决海外无管制问题。不管国内如何管制，由于互联网无国界，因此要阻止外国服务进入日本几乎不可能。

虽然在租车界没有发生国际性竞争，但银行界将会发生。海外的金融机构投入新技术提高生产能力的过程中，日本的金融机构假如仍安于管制现状，将在国际竞争中失败。

而且，日本国内实行管制之际，国外状况将发生变化。特别是发展中国家金融市场将有可能发生颠覆性变化。今后的金融活动将不限于国内。正如第 2 章第 2 节所述，金融服务在以东南亚为代表的新兴国家的发展具有重要意义。提高这些国家的金融服务生产力，将是一个重要课题。

第五，银行能够应对金融科技。事实上，大多数金融机构正积极应对金融业新变化。

### 日本在金融科技中的投资是美国的 1/200

投资公司埃森哲发布了全球对金融科技企业的总投资额报告[4]。

2014 年，全世界对金融科技的总投资额是 122.1 亿美元，约是 2013 年 40.5 亿美元的 3 倍。其中大部分由美国投资。

从 2014 年到 2015 年，金融科技相关初创企业中首次公开募股的企业数量每季度平均 50 家。其中较引人注目的是 Square、ONDEC、LendingClub、Yodlee 四家公司。

2015 年 11 月发布的调查结果显示，对亚洲太平洋地区的金融科技投资，2015 年 1—9 月投资额为 35 亿美元，是 2014 年的 8.8 亿美元的数倍。分领域来看，结算业务（40%）占比最高，其次是融资业务（24%）。在以往银行垄断的领域的投资占半数以上。但是，在日本的投资只有 4400 万美元。

2015 年全球金融科技投资同比增长 75%，达到 223 亿美元，约是 2014 年的 2 倍。在日本投资增长了 20%，达 6500 万美元[5]。

但是，这只是位居首位的美国 122 亿美元投资的 0.5%。即便与英国 9.7

亿美元相比，也不到其 10%。即便在亚洲地区，也只是中国的 1/30，印度的 1/25。而且，从增长率来看，中国是 455%，印度是 1115%，澳大利亚是 1200%，日本的增长率只有非常低的 20%。

在其他报告中也能发现日本在金融科技领域的显著落后。

金融科技投资机构 H2Ventures 与大型国际会计事务所 KPMG 联合发布全球金融科技企业分析 *Fintech 100* 2015 年版，报告指出中国的保险公司众安保险位居第一位 [6]。该公司提供基于大数据的新型保险，是阿里巴巴、腾讯等联合发起的合资公司。第 4 位是也来自于中国的趣分期，该公司面向学生及研究人员提供手机融资服务。

前 50 家公司中中国占据 7 家。这比英国的 6 家还多。上一年中国公司仅有 1 家，因此，中国金融科技企业的飞跃式发展令人瞩目。而且，100 家公司中，没有 1 家日本公司。日本原本就在信息相关领域发展落后，特别是在金融科技领域，可以说是令人绝望地不堪一击。

*Fintech 100* 2016 年版中，众安保险虽然降至第 5 位，但是第 1 位的蚂蚁金服（Ant Financial），第 2 位的趣店都是中国企业 [7]。该报告中也仍然没有日本企业。

# 第6章　区块链将如何改变货币和金融

本章作为第2、3、4章的总结，将论述区块链将如何改变货币与金融。

依靠现有的金融系统，可以轻松地进行交易，但是转账、结算却需要繁琐手续。通过导入区块链，将使其发生巨大变化。特别是海外转账成本将大幅下降。同时，区块链也将剥夺众多目前金融机构职员的工作。

掌握未来货币主导权的有可能是初创企业、大型银行、中央银行的某一个。随着上述情况的实现，未来社会将发生天翻地覆的改变。

## 1. 低成本转账的意义

### 互联网时代仍需要现金

基于区块链的技术革新首先在金融领域发起，原因之一是金融交易中适合应用智能合约，另一更重要的原因是，以往的金融服务太过落后于信息技术进步的步伐。

为了让大家了解得更清楚，请允许我叙述自身的经验。我2004年赴斯坦福大学不久，就陷入了现金不足的境地。当然，我也是有准备的，预先在花旗银行的东京支行开设了美元账户。也就是说通过它，就可以在美国花旗银行支行的ATM上提取现金。我一直认为这样就足够了。

问题发生在购买汽车的时候。众所周知，在美国生活离不开汽车。但是，我轻率地认为只要支付首付就可以（留学时也有过汽车，只花了200美元从其他学生那里买下一辆破旧的二手车，所以并没有真正的购车经验）。但是，我在美国没有信用记录，因此需要用现金支付全款。

即便如此，我也没太惊讶。因为到美国后，我早早地就去花旗银行的帕罗奥图支行开办账户，所以一直认为应该很容易地就能从东京支行的账户转账过来。

但是，这是一个完全出乎意料的错误。尽管是同一家花旗银行，因为账户的国别不同，所以账户间不能转账。虽然支付手续费也不是不可以，但是耗时一个月以上。

所以，不得已只好从 ATM 取出现金，拿着现金去窗口存款。从 ATM 只能取出单张面值最大为 20 美元的纸币。虽然是二手车但怎么也是汽车价款，所以纸币数量很大。窗口的女工作人员虽然努力想数清堆成山似的 20 美元纸币，但是中途又数不清，最终放弃了。

更糟糕的是，银行卡也不能正常使用。大概是在机场的磁检处消磁了。虽然我请求了补办银行卡，但工作人员称该卡用于在日本支行支出存款，所以不能在美国办理。

在此过程中，支付购车款的期限不断逼近。用尽千方百计，最后的办法是在日本办理邮政汇票，并将其邮寄到美国。这个也不是一张，小额汇票必须办理好多张。我托付给在日本的长女办理，每一张都需要写明支付人与接收人地址，中途我差点为此发疯。

此后，从某个日本人那里听说，作为开启生活的准备资金，要带去相当于数百万日元的美元纸币。对此，我深以为然。

当时，由于互联网已经普及，我自到达美国当天开始与日本的交流没有任何障碍。虽然我在为杂志撰写连载报道，其校正也可以用 PDF 添加在邮件里，这和在日本一样可以没有任何障碍的完成。

在信息领域，互联网时代已经真正到来。但是，货币领域，仍继续着与数百年前一样的纸质时代。岂止数百年，国际转账领域，基本仍和 15 世纪一样，到目前为止这种状况也基本没有改变。

通过此事件，让我深刻地领悟到"互联网可以输送信息，却不能输送经济价值"。网页上的支付可以使用信用卡轻松完成，因此让我们陷入通过互联网也可以轻松转账的错觉中。但是，这是需要花费成本的。而且，在刚才所述的情况中，本来就不能转账。

当然，银行也受到了信息革命的影响。但是，坐镇银行中心的仍是 20 世纪 70 年代的大型计算机。银行业一直由严格的准入机制把守，所以不存在更加高效化的激励机制。

从根本上颠覆这一状况的技术革命现在正在兴起。这正是区块链革命。

### 转账成本下降，可能开启新活动

正如本书在补论"当今结算系统概要"中所述，以往的转账与结算，特别是国际结算，需要花费成本与时间。

但是，使用区块链有望极大地削减成本。假设经济价值能够零成本地被输送到全球任何人的手中，那么世界将发生巨大的改变。现在，区块链技术正在促进这一改变的实现。正如塔普斯科特在《区块链革命》中所认为的那样，"以往的互联网是信息的互联网，而区块链是价值的互联网"。

正如互联网带给信息通信领域的变化，区块链也将在金融世界引起同样的变化。正如在电话及邮件中所见，在以往的信息通信系统中，中央集中管理机构扮演信息传达中介的角色。所以，这是一个需要成本的机制。但是，通过互联网，这种情况将会极大改变。互联网中不存在中央集中管理机构，可以直接向全世界的任何人输送信息。因此，成本将显著下降，世界将发生巨大变化。

**微支付的可行性**

正如第 5 章第 2 节所述，当前人们正不断尝试推出各种新转账方式，这些都属于金融科技范畴。但是，互联网的结算及电子货币建立在信用卡上，所以降低转账手续费方面存在局限。

信用卡结算的手续费（4% 左右）对于店铺来说是一个很大的负担。根据法人企业统计，2016 年 1—3 月日本企业的销售额营业利润率，整个产业规模是 4.6%。资本在 1000 万 ~ 2000 万日元的零售业只有 2.3%。而且，正如本书序章所述，想使用信用卡转账，最好取得 SSL 认证，但这需要花费很大成本。

所以，不少公司因为信用卡支付的成本过高而不能正常运营。逆向来讲，目前存在大量"现阶段没能力导入网上结算，但可以导入虚拟货币结算"的企业。

以比特币为代表的虚拟货币的应用，首先联想到的是网店支付手段，已有一些网店接受了比特币支付。

由于转账成本比传统方式低，因此微支付（极小额转账）是可行的。这样一来，内容的付费化将成为可能。现阶段，由于转账成本高，报道的分割零售在经济性层面很难实现。但是如果能微支付，只要内容的质量够好，完全有可能实现付费化。

然而，使用虚拟货币进行小额转账，成本率也未必会低。但是，集中转账等机制已经开始上线（这被称为去区块链交易）。Lightning Network 在 2016 年 10 月称该机制已实现，极小额的支付将成为可能[1]。

假如该服务得以普及，网上内容付费将成为可能，此举有望实现内容质量的提升。

这样一来，用户增加、开通该服务的店铺也会增加，将可能对金融系统产生重大影响。

**国际转账更加容易**

转账成本降低将带给国际转账领域巨大影响。

现阶段，大多数的国际转账通过银行系统和转账公司完成，个人间小额转账的成本相当高。

这逐渐成为跨国务工者向祖国转账时的一大问题。比如从美国去往中东地区的务工人员，或者由菲律宾去往中国香港的务工人员等。

例如，打算将在中国香港赚的钱转账给国内的家人，此前一直都是使用西联汇款等转账系统，转账成本很高。即便向菲律宾的账户转账后，由于银行尚未普及，自己也不能取款，必须向兑换公司支付高额手续费才能拿到现金。结果，转账金额的 20% ~ 30% 将成为手续费。

这些地区已经诞生比以往支付手段成本更低、基于比特币就能完成转账的服务（例如，第 2 章第 2 节的 Hellobit）。

假设发展中国家与发达国家间的转账成本降低，不仅是出国务工，还可用于发达国家业务外包。例如，日本企业将一部分业务外包给发展中国家，转账可以考虑使用比特币来完成。这对日本经济今后的发展意义巨大。

现阶段，在此类分工中，虽然具备潜在的可能性，但因为转账成本过高，很难成为现实。该转账系统的建立，不管是对日本，还是对发展中国家来说都具有重要意义。

**IT 在银行欠发达地区必将改变金融**

由于日本银行系统完备，因此要求转账系统应该更高效化的呼声很弱。但是，银行系统欠发达的地区，比如非洲、东南亚、南美洲等。在这些地区，假如远离大城市，银行的支行网点几乎不存在，因此，银行存款率非常低。在此类地区，IT 对金融的影响，与日本完全不同。

《虚拟货币革命》中介绍的肯尼亚 M-Pesa 就是典型例子。这是由非洲的移动运营商 Safaricom 推出的移动转账服务。M-Pesa 完全改变了肯尼亚的转账情况。现在，同类服务也逐渐扩展到其他发展中国家。

M-Pesa 是电子货币，不是基于区块链的服务，但其与比特币等虚拟货币的合作在不断推进。这类系统的覆盖范围将快速扩大。

今后，在新兴国家、发展中国家这类银行支行网点不完备的地区，虚拟货币作为转账手段将如何扩大势力，值得大家关注。真正的革命性变革是出现超越银行系统的系统。这样的变化，将可能发生在发展中国家。

## 2. 去中介化的意义

### 使用区块链开展即时结算的意义

正如补论部分所述，在金融机构的交易中，到交易结束为止存在多个中介机构。这些机构，使用各自独有的数据库，进行交易整合及账单查对。因此，需要花费巨额成本。

与此相对，基于区块链的转账使用留在区块链的记录即可完成结算。由于不需要便于集中管理的特别机构及后援设施，因此，也不需要运营、管理这些的成本。这样一来，不仅能降低成本，所需时间也将缩短。

完成结算的时间，比特币是 10 分钟，Lightning Network 这样的新系统几乎缩短为零。因此，将可能在毫秒内完成交易。

正如第 4 章所述，证券业务也通过使用区块链，不再需要介入多级总账，就可以自动完成一系列的业务办理。证券与资金双方假设都能够使用区块链进行交易的话，证券的交接与资金结算将可能实现同步。在这种情况下，买卖合约达成的同时，交接和资金结算都能完成，证券的即刻净结算将成为可能，结算将可能实现革命性的高效化。

买卖合同达成的同时，发行公司的股东名簿将变更，红利也将直接转入股东钱包，也可能将在区块链上行使决议权。

**交易对手风险将消失**

金融交易中的突出问题就是第 1 章第 2 节论述的交易对手风险。这指的是在交易中，交易对方在结算前倒闭，导致合约不能履行的风险。

2008 年的雷曼事件后，交易对手风险成为一个突出问题。开展大量 CDS（信用违约互换）交易的投资银行雷曼兄弟破产，导致金融衍生工具合约无法履行。另外，保险公司 AIG 陷入经营危机，进而引发该公司所承接 CDS 不能履行的危险。金融机构不再相信其他金融机构，并疑神疑鬼，耽于现金。受其影响，金融系统走到了崩溃的边缘。

此后，人们为应对此问题创办金融衍生工具交易所，推进集中管理买卖双方间风险的中央清算机构的设置和使用。这样一来，交易双方被统一到中央清算机构中，在回避交易对手风险的同时，也降低了不履行合约给其他参与者带来的风险。

与此相对，基于区块链的交易，由于通过不存在管理者的 P2P 运行并直接结算，所以，事实上从一开始就不存在交易对手风险。而且，即便当时建立系统的组织消失，只要区块链还在继续运营，交易就会继续进行。

假如使用区块链，有可能不会发生雷曼事件。

**不通过传统金融机构也能筹措资金**

股份有限公司这一机制是为了筹集存在风险的事业资金而设立的。但是，产业革命以来，企业规模不断扩大，企业不再能够承担风险。

IT 革命初期投资初创企业被称为风险投资。初创企业成长到一定阶段，将进行 IPO（首次公开募股）从市场募集资金。但是，最近，给高风险的技术开发项目提供资金的风险投资及 IPO 的作用正在逐渐弱化。

作为替代品，第 5 章第 3 节所述的众筹登场。众筹即由不特定的多人通过互联网，为他人及组织提供开发资金的机制。募集到一定金额后，项目启动。资金的提供人，享有产品的优先折扣购买权等等。设立 Kickstater

等多个服务平台作为募集投资的场所。但是，相较之下，志愿者支援的色彩很强。

其后，众筹的一部分发展为社会借贷。但是，正如第 5 章第 3 节所述，现实中所进行的大多是为维持业务继续运转而贷款，技术开发及风险挑战等积极方面较少。日本尤其是这种情况。

与此相对，第 9 章第 4 节论述的"首次代币发行（ICO）"将开拓新的可能。初创企业 Slock.it 在首次代币发行中，竟募集了 1.6 亿美元的资金[①]。这意味着首次代币发行已经成为不能忽视的资金募集方式。

以往初创企业募集资金，证券公司、投资银行、股票市场等传统机制发挥了重要作用。所以，IPO 给投资银行带来了巨额收入。而且，这之后的股票交易将从证券公司收取手续费。

但是，人们能够通过众筹、首次代币发行从传统的金融世界外募集到资金。这样，就无需存在证券公司、投资银行、股票市场等中介。资金的需求者和提供者将建立直接联系。所以，现有的金融机构的某些收入可能将会消失。

### 迈向亚当·斯密的世界

通过区块链实现的上述世界也可称为"亚当·斯密的世界"。更准确地说，是由经济学家里昂·瓦尔拉斯提出的"一般均衡模式"定式化的世界。

各经济主体平等地进行交易，不存在中央集中管理者。搜索出最佳交易对象的成本为零，进行交易的成本也为零。无需向中间人支付高额手续费。没有大组织支配市场，也没有政府管制经济、对经济活动施加约束。

但是，在现实世界中，这些条件从未满足过。这被当作经济学脱离现实的理由。

---

① 虽然黑客攻击曾引发资金外流问题，但后来成功追回了（看作从未流出过）。参照第 9 章第 4 节。

金融领域尤其如此。微观经济学中，进行物品与服务的交易时，并不认为其背后的转账与结算是必需的。实际上，由于转账、结算需花费成本，因此大多数情况下不能自由地进行财物、服务的交易。特别是国际交易领域，这种制约尤其明显。

亚当·斯密的世界与现实世界的背离，并不仅限于金融领域。本书最后一章的开始部分叙述的罗纳德·科斯的评论以及第 5 章第 4 节所述的信息的不对称都显示了这种背离。

但是，这种条件将因为区块链技术而发生改变。在这个世界中，假设每个人都能根据自己的判断行动，那么就能实现整个社会的和谐。亚当·斯密所主张的自由竞争的理想状态，将在这个世界成为现实。

当前的现实世界正逐步迈入经济学所描绘的世界。第 10 章及最后一章将对其展开论述。

## 3. 也存在造成失业的破坏性一面

### 转变模式将摧毁旧体制

新技术将带来模式的转变，将可能带来新经济活动，这是它积极的一面，同时也不能否认其存在破坏性的一面。这正显示出了有关技术革新的历史。

互联网将全球范围内的通信成本降为零，从而极大地颠覆了世界。特别在信息产业领域，确实改变了许多。它既带来积极影响，也带来了很大的破坏性影响。毫无疑问它给传统传媒造成了破坏性的影响。在美国，众多报社倒闭。在日本，杂志与书籍的销路也在不断减少。

金融原本就是与信息打交道的领域，因此与互联网引发信息产业的变化相同，区块链也将给金融业带来变化。极有可能会剥夺现阶段在金融机构工作以及从事金融交易人员的工作。

一方面，存在需要资金的人和企业，另一方面，也存在提供资金的人和企业。金融中介业务的工作就是将上述两者联系起来。现阶段，在这两者之间存在为数众多的人。区块链将实现在无需中介的情况下，直接连接资金的提供人与接受人。假设这种情况实现，很多人将失业。

即便是中介以外的其他业务，金融机构中仍存在许多无需进行特别判断的常规业务。此类业务将逐渐被智能合约替代，被基于区块链运营的自动交易替代。在转账、结算领域，几乎不需要针对每个案例逐一判断。因此，即便完全实现自动化，也不是什么意外之事。

此前银行提供的中介业务、资产管理和保管业务等，正因得益于严格管制措施，银行才得以专属开展此类业务。今后这些服务将极有可能转移到 IT 相关的初创企业中。

使用传统 IT 技术，不管怎样都需要操作日常工作的人力。但是，区块链技术的机制无需基本人力就能运行。所以，将可能大幅削减人力。归根结底，将可能不再需要银行及证券公司本身。

由于金融业是管制行业，故该行业没有推进效率提升，其结果就是金融业未能顺应经济结构变化而进行相应调整，导致金融机构人员冗余，这点不容否认。考虑到这些，上述所论就是一个通过新技术的导入促使金融业缩小为适当规模的过程。

### 银行利润将减少 60%，Fintech 将带来破坏性影响

新金融技术将给传统金融机构带来破坏性影响，作为这一观点的代表，美国的咨询公司麦肯锡在 2015 年 9 月发布了《全球银行业年度报告》[2]。在这份报告书中，有以下内容（该报告书广义上以 Fintech 为对象，并非仅论述区块链的影响）。

IT 技术的充分应用，将导致银行业务中收益率最高的部分被 IT 初创企业所取代。其结果，银行的抵押贷款（住宅贷款）以外的面向消费者的贷

款（信用卡、汽车贷款等）领域，今后 10 年内收益将减少 60%，营业额将减少 40%。而且，银行在转账汇款、中小企业贷款、资产管理领域的收益将减少 10% 到 35%。

发生这种事情的最大原因是，提供此类服务的成本下降，IT 企业将能够以低价为用户提供服务。因此，将发生收益率最高部分被 IT 初创企业所取代的撇奶皮现象（ Cream Skimming ）。

据麦肯锡分析，银行的收益构造如下。新业务领域 2014 年收益额是 1.75 兆美元，股票收益率 20%。与此相对，2014 年维持结余服务的收益额为 2.1 兆美元，但股票收益率却只有 6%。这是因为 IT 企业从银行手中夺取了前者类型的服务。

但是，银行收益还没有发生大幅减少的情况。根据麦肯锡的推测，亚洲各国（特别是中国）的快速发展，以及美国为从金融危机中脱身而给予银行的帮助，致使整个银行部门 2014 年的收益达到 1 兆美元。虽然利率有所降低，但由于做了削减成本的努力，所以可以将股票收益率维持在 9.5%。

但是，金融相关的 IT 初创企业数增长到 12000 家，所以这 1 兆美元的利益分配极有可能会发生变化。可能性最大的是与消费者紧密相连的零售银行。由于苹果、谷歌等大型公司也提供转账服务，因此，该领域的利润率将下降。

正如第 5 章第 2 节所述，Fintech 所带来的成本变化不能说是很大，它也只能引发这种程度的变化。假如区块链技术应用范围扩大，金融业将可能发生革命性变化。

麦肯锡的报告并未在日本引起足够关注，但是却给欧美带来了很大震动。在日本，大多数关于 Fintech 的报道认为会迎来一个美好的未来。但是，数码革命一般都具有破坏性影响力。只要金融业仍然是信息产业，就不可能不受到巨大影响。

PwC 的调查报告中也有同样的内容[3]。报告称，作为调查对象的传统金融机构的 83% 担心会被独立系统的 Fintech 企业夺走一部分业务。该比率在银行甚至达到 95%。随着 Fintech 进一步发展，传统金融机构 23% 的业务将会受到威胁。而且，金融科技企业自身也预计将从传统型金融机构获得 33% 的业务。资金转账及结算领域，今后 5 年内市场份额最大 28% 的部分恐怕会被 Fintech 企业剥夺。

金融业界的竞争，一直以来基本都是金融机构之间的竞争。但是，随着 Fintech 的不断发展，竞争环境将完全改变。实际上，新金融服务将替代现有金融机构的部分功能。为应对如此大的变动，欧美的金融机构已经在积极采取相应行动。

此次调查中回答者设想的是哪种程度的金融革新，还不太明确。特别重要的是，虚拟货币与区块链的使用设想到何种程度。假设这些能真正被应用开来，那么，对金融业界的影响将远远超过报告中所指出的程度。

### 应该会催生新工作机会

正如以上所述，由于成本的降低，以往从事中介业务的人员将失业。这作为新技术的消极性的一面，在该领域体现得最为显著。

但是，不应该因为害怕这样的影响就阻止新技术的引进。即便想阻止也阻止不了。应积极地应对新事态，将其作为变革社会的契机。

考虑该问题时重要的是，有的工作会被淘汰，但也会出现新的就业机会。比如，在新闻报道中，不单是传达事实，也需要解说背景、评论正误。即便信息技术进步了，这类工作也不会消失。甚至可以说，更增加了其重要性。

金融领域也需要同样的服务。特别是风险评估、证券投资组合分析、投资战略的立案等工作，今后其必要性都将增加。

正如"蝴蝶效应"，某个地方发生变化，其影响会连续不断地传播开来，进而引发各种各样的变化。重要的是在这些变化中找出积极的要素。

从企业方面看，雇用墨守成规的专家只会增加成本。假设通过人工智能及区块链运营企业的主干系统，为了某项工作集中资金和人力，并根据需要雇用自由工作者，工作结束后就解散，那么企业将可能不再是永久性组织。

在中世纪时期的意大利，"克门达（commenda）"这一事业形态中，每逢航海都会募集资金。英国东印度公司在初期阶段，采取的是每次航海时资本家出资的组织形态。将来的企业组织，可能会重返这样的组织形态。

**传统金融机构 PK 初创企业**

金融产业主要的玩家会因为新金融技术发生改变吗？

关于这个问题，需要考虑到以下两种情况。第一种，从前面提到的麦肯锡报告中可以看出，传统银行业务中高收益部分将被 IT 初创企业剥夺。这被称为"撇奶皮现象"。

另一种，金融机构为支撑其服务，必须继续维持原有的转账系统。虽然这些服务利润率不高，但因为是社会性必需业务，所以金融机构不得不继续经营。前面提到的"维持结余服务"与"新型业务"相比，收益率很低。所以，假设被"撇奶皮"后，银行的收益率将大幅降低。

而且，能否保留开发新金融技术的人才也是一个问题。例如，JP 摩根拥有 2 万以上的开发者。但是，将来他们是否会继续留在金融机构也仍存有疑问。美国银行为留住人才已广泛展开艰苦的战役。而同时，想要从银行跳槽到金融科技初创企业的人员的简历蜂拥而至。

这样一来，在各种意义上金融机构将被逼到绝境。这也是为什么美国的银行会对 Fintech 一直持有强烈危机感的原因。

此前 IT 改变了许多领域的产业形式。传媒产业发生了很大变化。谷歌极大地变革了其传统的广告产业。在美国，总市值位居前列的企业都是 IT 相关的企业。亚马逊的总市值超过了沃尔玛。

最近的例子中，移动专车公司 Uber 及房屋短租中介 Airbnb 等这些智能手机上的新服务获得了难以置信的发展。Uber 的总市值已经超过了 6 兆日元。这些被称为"独角兽公司"，在金融科技领域也诞生了许多独角兽公司。

然而，在日本，有可能会发生与上述不同的情况。

这不同的情况是，不会发生诸如美国那样的初创企业侵蚀银行业务的现象，而是银行掌握主导权。具体来说，金融机构将拉拢外部的初创企业，而且，金融机构自身将引入区块链技术，实现成本的削减。

令人遗憾的是，日本的初创企业到现在还没有采取革新的行动。令人担忧的是将来也可能不会有所行动。而且，与重视竞争的美国相比，在日本，人们倾向于依赖政府，也有观点认为大型组织才值得信任。所以，人们倾向于选择第二种情况。

2016 年 5 月颁布的《银行法修正案》是第二种情况的象征。在此次修正中，放宽了对 IT 公司的出资限制，允许银行出资 Fintech 企业（以往出资 IT 企业时，限定银行最高出资不超过 5%、银行持股公司最高出资不超过 15%，修正后，允许扩大出资比例）。其结果，银行可能通过出资将外部资源收入银行系统内部，以此种方式导入新技术。

从这点来看，金融业的管制非常重要。法制体系及管制如何变化将极大地决定将来的经济形态。选择第二种情况后，事态将朝着维护银行既得利益的方向发展，会令人担忧新技术不会被运用于改变经济形式。

为避免发生此类事态，必须放宽机制，使银行以外的主体能更容易地参与金融业务；还需要为初创企业创造条件，保障其能够顺畅地引入新型金融技术、开展业务。

从用户的立场来看，存在的问题是，银行是否会将新型技术的利益返还给用户。为实现这一事态，需要用户的监督及银行间的竞争。如果用户充分行使选择权利、银行间充分竞争，那么银行将不能独占利益，利益将返还给用户。

即便发生第二种情况（银行掌握主导权），金融机构领域也将发生巨大变化。这是因为只要银行导入区块链技术，其主干系统必将发生极大改变。

银行通过主动引进新型金融技术促使变化发生时，虽然银行这一企业实体得以存续，但其内部的工作内容将发生巨大变化。即便银行本身会保留下来，但其业务将实现自动化，从而造成大量员工失去工作，这种可能性非常大。因此，不论组织还是个人都需要积极应对这种变化。不能有效应对的话，许多业务将被新的竞争对手夺走。即便积极应对，内部的大幅改革也在所难免。

然而，由于该领域的竞争没有国界，国外开发的新技术将有可能参与进来。我也很期待这样的变化能加速发展。

## 4. 主宰货币就是主宰未来

### 将引发货币间的竞争

正如第 3 章第 1 节所述，三菱东京 UFJ 银行预计将于 2017 年秋面向公众发行其自己的虚拟货币 MUFG 币。三菱东京 UFJ 银行开始此类行动后，想必其他大型银行也将采取类似的行动。这样一来，这些虚拟货币间将发生竞争。

这种状况在现阶段还只是空想。但是，事实上此类情况可能快速成为现实。与现实的货币相比，基于虚拟货币的转账和结算更方便、成本更低，所以，商店和企业将不再使用传统结算方式，而是使用虚拟货币进行结算。比特币型的虚拟货币与银行发行的虚拟货币将演变成一种怎样的关系，也很耐人寻味。

大型银行的虚拟货币在许多方面都比比特币型的虚拟货币更有优势。第一，价格不会变动，因此作为结算手段使用更方便。第二，从银行更值得信赖这一意义上来说，更符合日本人的思考方式。第三，关于比特币型的虚拟货币的长期发展前景，存在无法预知的方面。由于比特币挖矿的收入已经减少两个等级，所以当前人们参与挖矿的积极性较低。将来，发行量将保持在一定水平，通过挖矿获得的收益将消失。即便如此，由于仍需要支付手续费，所以比特币将继续运营，挖矿也不会停止。但是，还不清楚是否真的只需支付手续费，挖矿就能继续下去。而且，也存在第1章第2节所说的扩展性问题。

### 民间虚拟货币扩大，将导致央行破产

正如第3章第1节所述，银行发行的虚拟货币可相互进行交易。这样一来，日银网（全称为"日本银行金融网络系统"，由日本中央银行运营的网络系统，可在线处理资金和国债的结算业务。——编者注）的作用将降低。银行发行的虚拟货币得到广泛使用，且银行虚拟货币之间采用变动价格制的话，那么将可能形成独立于现阶段结算系统的虚拟货币圈。总之，在结算领域，将发生"脱离中央银行"现象。归根到底，中央银行将不再具有存在的必要性。

这一机制类似于弗里德里希·冯·哈耶克曾经在《货币的非国有化》中提出的自由货币构想[4]。

哈耶克所构想的系统中，不是国家独占货币发行权，各银行都可以发行自己的货币（哈耶克假定的是诸如整个欧洲地区这样的区域）。这样的话，哈耶克认为这些货币间将发生竞争，并且只有最优秀的货币才能幸存。

单从技术层面来讲，一个与哈耶克所提议的自由货币相似的系统，将通过虚拟货币变为可能。

该系统将逐渐实现自由主义的货币体制。这个部分也包含负利率，这样一来，中央银行的金融政策将会失效。假设能充分扩大虚拟货币的使用范围，中央银行将不能再基于金融政策控制经济活动。假设这种情况得以实现，将是极其巨大的变化。

而且，也可以考虑发行与美元价值保持在一定水平的虚拟货币。这样的话，与日本国内的美元经济圈发生的状况相同，也会给日本的金融政策施加巨大的压力。假设日本银行放宽金融管制，促使日元贬值，将导致资金外流，流入美元虚拟货币中。这将强有力地抑制恣意的金融政策。

这样一来，虚拟货币将可能成为中央银行金融政策的强有力制约。实际上，比特币获得关注，正发生在 2013 年秋，大量资本从中国人民币外逃到比特币之际。对于担心负利率可能会妨碍本国国内金融活动的日本及欧洲来说，此次事件绝不会与其无关。一旦人们对日元的信任发生动摇，那不能否认可能会发生资本逃逸到虚拟货币的情况。假设银行发行其自己的虚拟货币，这将可能成为资本外逃的接盘手。

银行发行虚拟货币，将有利于抑制中央银行恣意的金融政策。但是，不能确定银行成本的削减部分是否能返还给用户。

### 负利率促使资金流入虚拟货币

大型银行积极导入虚拟货币，并不是为了应对负利率。但是，二者间存在密切的关系。通过导入区块链能大幅降低成本，因此这对于受负利率影响利益受损的银行而言将是一项最强有力的对策。

所以，假设能开展上述中央银行外进行转账结算，银行将能够规避活期存款中负利率的影响。

假设银行不采取此类对策，将不得不针对负利率调整自己的业务模式，这从长远来看，将促使银行业衰退。

在不久前就已存在与欧洲负利率相关的"负利率将导致银行破产"的议论。在日本也存在发生相同问题的可能性。特别是，如果银行将负利率造成的成本增加以降低存款利息等形式转嫁到用户身上的话，将引发用户脱离银行。

现阶段，在银行提供的多种多样的金融服务中，很多服务即便不通过银行也能完成。假设是在 20 年前，离开银行后只能有一种选择即持有现金。但是，在当下，在银行之外进行金融交易的可能性不断提高。负利率将加速区块链的导入进程。

今后，如果连存款利息也变为负值或者 ATM 的手续费上调，这些导致转账成本上升的话，存款人将取出存款，将其投入虚拟货币。

压迫银行利益的负利率将可能成为虚拟货币普及的一个契机。

### 帝国的逆袭：中央银行的介入

但是，也有可能出现与上述情况正好相反的另一种情况。那就是第 3 章第 3 节中所述的情况，即中央银行发行虚拟货币。

假如中央银行发行虚拟货币，无论个人还是法人都在中央银行拥有虚拟货币账户的话，人们可以使用该账户进行转账、结算，因此人们将没有必要再在城市银行进行存款（过去人们存款可以获取利息，但是当存款利率降至极低水平，不再在城市银行存款也不会成为重要问题）。

银行失去存款后，只能在自有资本范围内发放贷款。如此一来，占据现在货币库量大壁江山的存款货币将消失，只剩下中央银行发行的虚拟货币这一类货币。

银行不该创造信用，此种言论古已有之。具有代表性的是 20 世纪 30 年代提出的 "Chicago plan"（全额准备金制度）。该制度的意图是将存款准备金率提高到 100%。这样一来，银行必须将吸纳的全部存款都存入中央银行，将不能再创造信用。该提案由欧文·费雪、富兰克·奈特、亨利·舒尔茨、亨利·赛门斯等经济学者提出。

针对该提案，当然会有来自银行方面的强烈反对，因此未能实现。但是，这之后类似想法不断被提出来。比如，"狭义银行"构想，它指的是仅将国债等安全的资产限定为银行资产，不承认存在风险的借贷资产。而且，由各国中央银行组成的组织——国际结算银行（BIS）试图通过强化银行的自有资本规制，来达到同样的效果。

最近，冰岛出现了类似提案[5]。该国在 21 世纪最初十年的中期，银行借贷业务曾大幅膨胀，后来受到雷曼事件影响银行破产，经济陷入极度困难境地。基于对该事件的反省，冰岛提出了"统治货币"这一提案。该内容与"Chicago plan"相似，不承认银行的存款货币，只承认国家发行的货币。

### 中央银行控制经济的危险性

现阶段，虚拟货币只占整个经济领域极小的比重。但是，一旦中央银行发行虚拟货币，那么上述变化将在极短的时间内发生，并有可能驱逐银行的存款货币。而且，需要注意的是此过程中没有任何强制，是自动进行的。

当然，对于城市银行来说不能开展贷款业务是关乎生死的大问题，所以，银行方面肯定会强烈反对。此次抵抗将远远超过针对负利率的抵抗。

但是，要阻止中央银行导入虚拟货币并不容易。此次导入将促进个人及企业活动的效率化、便利化，因此反对的意义不大。而且，将银行存款转换为中央银行虚拟货币，并不是强制进行的，而是个人及企业自发的行动，因此很难阻止。

但是，假如真发生上述情况，将可能陷入极其危险的状态。为什么这么说？在该系统中，由于货币供给是基于中央银行授予政府信用才进行的，所以政府与中央银行可以按照自己的意志操控货币供给。这就是货币政策，是美国联邦储备局前任主席本·伯南克倡导的"直升机派钱（Helicopter Money）"。

问题是在上述情况下，能否控制住货币供给量。假如货币存量过大，将会有发生通货膨胀的危险。

为防止此类情况发生，"Chicago plan"的倡导者们认为应该严格控制货币存量。弗里德曼提议将货币存量的增长率保持在不受经济形势影响的某固定值。

确实，这样做的话，将不会引发通货膨胀。但在现实世界中，并不能保证严格遵守。特别是在日本这样的国家，社会保障性支出的增长使得增加财政支出的压力巨大，因此很有可能不能阻止财政支出的增加。

问题将不限于此。中央银行将更便于实行负利率政策。

前面已经提到过，如果民间银行发行的虚拟货币使用范围扩大，中央银行的负利率政策将丧失实际效力。

但是，正如这里提到的，假设能够使用中央银行的虚拟货币，将可能阻止上述事态的发生。不仅如此，央行还将能够自由决定负利率的水准。在现有的制度中，负利率存在下限，即持有现金的成本。假设将负利率的水准降到该成本以下，银行将不再把剩余资金作为活期存款，而是直接作为现金来持有。但是，假设能够使用中央银行的虚拟货币取代现金，上述制约将不复存在。英格兰银行研究虚拟货币的一个重要原因就是想打破利率下限的制约[6]。

这意味着所谓"邮章货币"将成为现实。"邮章货币"由德国人西尔沃·格塞尔（Silvio Gesell）于 20 世纪初叶提出，是一种"减价货币"。换言之，就是在不购买邮戳就无法维持面值的机制下，价值会不断减少的货币。这指的就是负利率。

纸币的话，需要导入邮戳等繁杂机制，而假如是虚拟货币将能够简便地完成导入。

假如货币价值下降，人们将尽快花掉手中的货币，如此将有助于提升经济活力。但是，我们并不清楚是否最终能得到此效果。即便有效，也将增加不必要的支出，从长期来看，存在导致经济衰退的危险。至少，中央银行能够恣意决定负利率水准的世界是极其危险的。

**中央银行将取得详细的国民个人信息**

还有更大的问题。

那就是中央银行将取得全国国民详细的个人信息。

比特币型虚拟货币及普通银行发行的虚拟货币，是否使用是个人的自由。不想使用的话，不使用就可以了。但是，中央银行发行的虚拟货币，基于已经论述的理由，所有的国民及企业在中央银行拥有账户，因此不得不在中央银行进行所有交易。虽然并不是强制使用，但事实上却处于不得不使用的状态。

因为对交易进行了加密处理，央行并不能直接确定交易者。但是它却能对交易进行追踪。

所以，中央银行可以详细地掌握个人及个别企业所有的经济活动。总之，所有的个人信息都将泄露给中央银行。

而且，该信息只有中央银行可以掌握，而其他的机构不能掌握。中央银行也掌握着警察及检察机构不能获得的信息。

日本银行也意识到了这个问题。第 3 章第 3 节介绍的《关于中央银行发行的数字货币——海外讨论及测试》中，指出"中央银行以能够掌握所有交易信息的形式发行数字货币时，存在中央银行应如何处理这些信息的问题"。

虽然中央银行不太可能直接使用这些信息，但是我们可以很容易想到搜查当局或征税当局将会要求央行向其提供信息。普通银行发行虚拟货币时可能也会存在此类问题，但如果是民间企业，就能够拒绝这种要求。以美国为例，2015 年 12 月发生南加州枪击事件后，FBI（联邦调查局）要求苹果公司提供 iPhone 的锁屏破解技术，却遭到拒绝。此外，苹果公司还拒绝了之后的法院命令。

但是，作为公共机构的中央银行，是不能拒绝的。于是，国家能够取得有关国民经济活动的个人级别的详细信息。

这就是乔治·奥威尔在《1984》中描绘的"老大哥"。"老大哥"是全能的独裁者，其权限来源是能够仔细观察全体国民的生活。中央银行将通过发行虚拟货币创建出与其类似的世界。

无论如何我们都必须阻止这种状况发生。

### 主导权将握在谁手中

总结上述章节的内容，关于谁将成为基于区块链的结算手段的提供主体，存在以下三种可能。

（1）比特币这类虚拟货币。该货币使用公开的计算机网络运营，不存在中央集中管理的主体。结果，将会诞生银行之外使用新技术的金融系统。

（2）普通银行运营的虚拟货币。银行引进新技术，制作独立于中央银行的结算系统，并使用封闭的计算机网络运营。

上述（1）（2）两种情况的最终结果都是银行消失。

（3）中央银行运营的虚拟货币。中央银行引进新技术，运营虚拟货币，并以虚拟货币取代纸币和普通银行的存款货币。

现阶段很难预测，现实社会将朝着上述哪个方向发展。而且，也有可能以上三者并存。然而，不管最终实现了上述哪种情况，基于区块链技术的导入，货币系统的基础必将发生巨大变化。

一旦成本降低、便利性提高，在何处运营可能将不再重要。但是，基于区块链技术的货币系统主导权掌握在谁的手中，据此社会形态将大不相同。

从自由主义的立场来说，第（1）版本最理想。

第（2）版本在银行这一寡头组织运营方面存在问题。但是，将发生多个主体间的竞争。

第（3）版本会促使国家及中央银行的恣意政策成为可能。而且，所有的金融控制将变为可能，也存在资本不能逃避，金融全球化扩张受到限制的危险。掌握货币就意味着统管了所有的经济活动。

实际上，中央银行可能很难实现此类绝对控制。

第一，虚拟货币中不存在管理主体，因此即便想禁止它，也应该很难真正办到。

第二，由于虚拟货币不存在国界，中央银行即便想控制，也很难完全控制与海外的交易。

应选择哪个系统最终需要国民决定。然而，实际上，也不能否认政策当局及金融机构对动向施加的巨大影响。

## 5. 货币将进化吗？

### 虚拟货币与国家的对立

货币即国家。货币作为货币流通，并不是因为其原材料具备价值，而是因为国家宣布其具有价值。纸币和银行券取代金属货币进行流通，就鲜明地证明了这一点。

金属货币的铸造、纸币的增发与租税和国债一样，都是支撑国家财政的重要手段。

回顾历史，为维持军费扩张等而改铸金银币降低其成色，增发不能兑换的纸币引发通货膨胀的事例不胜枚举。

但是，比特币是基于完全不同于上述机制的货币。不受国家制约，超越了国家。

一旦比特币取替现行货币，将给国家模式带来颠覆性的影响。有时候将成为国家系统的重大威胁。

第一，关系税收。使用虚拟货币进行的交易具有匿名性，所以伴随使用虚拟货币的交易不断增多，有些交易将无法被捕捉到。这样的话，征税将出现问题（然而，正如第 2 章第 3 节所述，需要注意的是虚拟货币的匿名性是疑似匿名性）。

第二，不能有效控制违法交易、洗钱等资金流动。第 2 章第 3 节所述，虽然虚拟货币应对组织犯罪的能力并不差，但将来交易量增大后，将无法无视这个问题。

第三，将无法通过控制货币供应量来控制经济活动。

第四，资本外逃。一旦将来国民不再信任本国货币，有可能将购入的虚拟货币转换为美元等价值稳定货币等。

此类事态对于国家的存立构成重大威胁。但是，即便想管制比特币交易，由于不存在管理主体，除非禁止使用互联网，否则终将不可能做到。

这些将带来自由论者口中的世界。两年前，世界正朝该方向发展的迹象就已开始显现。

但是，发展到普通银行制订虚拟货币发行计划的阶段，事态发生了很大变化。银行发行的虚拟货币受到组织的控制。然而，即便如此，普通银行的虚拟货币也还是存在于国家机制之外的。一旦中央银行发行虚拟货币，正如前节最后所述，事态将发生颠覆性变化。

### 针对虚拟货币没有实际价值的议论

有人指出比特币存在问题，比特币中没有价值。确实如此，但是国家发行的货币也是如此。

金币与银币拥有价值，也并不是因为贵金属的价值是绝对的。事实上，就算不改铸，银产量增加也会导致通货膨胀。也就是，货币的价值会下跌。这在16世纪的欧洲曾真实发生过。西班牙在新大陆发现了银矿，因此银的产量增加，银币的发行量增加，所以银的价值下跌，从而引发了被称为"价格革命"的通货膨胀。

从金属货币发展到纸币，实际价值就变得更加稀薄。然后，比特币就更加稀薄了。

比特币只因为人们接受才得以流通。假如由于出现更好的虚拟货币等原因使得店铺不再接受比特币，那么其价值将不复存在。法定货币至少可用于税的支付，但比特币不可以。如果人们不接受比特币，其价值将荡然无存。

　　然而，并不是所有虚拟货币都没有实际价值。事实上，第 9 章第 2 节介绍的 DGX 就是有黄金保证的虚拟货币。

　　虽然黄金的价值不是绝对的，但是，在现代世界中，黄金的产量并没有急剧增长。所以，从长期来看，黄金价值可以说是稳定的。在长期实行宽松货币政策的国家，对黄金的需求可能会增长。例如可能存在资金外逃的国家，黄金将成为重要的资产。这样一来，货币也将可能重返金本位制时代。

# 第 7 章 区块链的应用：事实证明

由于电子信息易被篡改，所以很难证明网上数据的正确性。这个问题将通过区块链得以解决，因为真实性证明及履历追踪等服务将陆续登场。

## 1. 在互联网领域，狗与人类无差别

### 没有证明，为什么能确信是实物呢？

"实物证明"是很难的课题。关于这个课题，虽然有些唐突，但我想从电影《星球大战》谈起。在《星球大战 1：幽灵的威胁》中，纳布星球陷入危机，阿米达拉女王（凯拉·奈特莉饰演）向冈根国的国王那斯请求和解。但是，那斯并没有答应。

此时，在幕后操控一切的侍女帕德梅（娜塔丽·波特曼饰演）对那斯说："这是我的替身，我是真正的阿米达拉女王，请务必救救我们。"那斯听后立即决定拯救纳布星球。看了这个场景，我不禁哑然。那斯为什么会相信侍女就是真正的阿米达拉女王呢？

在现实世界，要证明真正的女王身份，需要出示证据资料及物证（王冠等）。但是，娜塔丽·波特曼并没有出示任何证据。

那斯不但没有要求出示证据，也没有向其他侍者确认娜塔丽·波特曼所说是否属实。明明娜塔丽·波特曼与凯拉·奈特莉散发的女王灵气不相上下。

类似事例不胜枚举。以日本为例，首先要提到水户黄门。格先生一出示印有葵纹的印笼，人们立刻明白此人就是当今副将军，于是拜倒在地。为什么他们不怀疑印笼可能是假的呢？

可能由于将军威势太过强大，以至于人们来不及怀疑就已被对方镇住了。那么，忠臣藏的情况呢？

自京都前往江户的大石内藏助，自己冒称是日野家执事垣见五郎兵卫。然而，真正的五郎兵卫也来到旅店，因此大石内藏助被要求出示旅行许可书。陷入绝境的大石内藏助出示了主君切腹时所用短刀。瞬间明白了一切的五郎兵卫道歉说自己是冒牌的，并将自己的许可书赠予内藏助。内藏助说"不不，这是万不得已才出此下策。武士应互帮互助。正因为穷途潦倒才格外体会到人情的可贵"（这是 1958 年上映电影《忠臣藏》的台词）。

听到这些，观众感动得泪流满面（我也是），但仔细琢磨后，就会觉得很奇怪。为什么只看一眼就知道短剑是真物？既然能冒名，那么短剑也很有可能是伪造的。

不管是黄门还是内藏助，与阿米达拉不同都出示了物证。但是，为什么人们仅看一眼就能相信那些就是真物呢？从脱离现实这一点来看，与《星球大战》并无差异。


### 证明本人的方法

列举上述例子是因为当今世界没有如此简单就能让人接受的本人证明。

在传统社会的小范围社区，人们彼此知道对方的样貌，也知道每个人的日常言行及过往经历。所以，要证明是否本人很简单（然而，"外来人口"完全不被信任）。

但是，随着产业化推进，社区规模扩大，本人证明也逐渐变难。因此，出现了各种方法。

位居王位的人，为证明其身份，不会一个人走在大街上，一定会带领大批随从（电影《罗马假日》中，谁也没有注意到漫步街头的安妮公主，正是因为她只一个人独行）。

银行一定会打造气派的门店。特别是总行，犹如王宫般气派。就是为了让人相信：能建起这么气派的建筑，银行肯定不会倒闭。

在产业化社会，企业与组织的规模是获取信任的重要手段。

### 在互联网世界中狗与人没有区别

随着信息技术不断进步，复制与冒充变得更简单，本人证明也越来越难。特别是互联网世界，真实性证明极其困难。

即便网页上登上葵纹照片，也不会有人相信该网站运营者是水户黄门吧。岂止是黄门，运营该网站的或许是只（智力发达的）狗。

这就是所谓的"在互联网中人与狗没有区别"[①]。确实如此。

在 PC 上点击特定功能时，为确认使用者是本人，需要输入密码。这是由于只有设置密码的人才知道，因此，能够推测出正确输入密码的人就是设置者本人。这仅限于特定场合，无法成为任何场合都能让对方信赖的手段。

在很多情况下，人们更信任闻名遐迩的大企业。人们普遍对网站上的小店铺存有戒心，但如果是亚马逊的话就会安心进行交易。

再者，互联网上导入了确认机制，即确认正在通信的一方确实是网页界面所显示的组织。但是，正如序章所述，要获得 SSL 认证，需花费高额费用。大企业很容易获得 SSL 认证，小型企业及个人却很难获得。

---

①　皮特·斯坦纳在 *The New Yorker*（1993 年 7 月 5 日）上刊登的漫画说明文字。一只狗坐在 PC 前，打开互联网界面，对另一只狗说 "On the Internet, nobody knows you are a dog（在互联网上，没有人知道你是一只狗）"。据 Wikipedia 称，皮特·斯坦纳这幅画的版权收入达 5 万美元。

### 信息不对称催生"柠檬市场"

第 6 章第 2 节的交易对手风险指的是在金融交易中交易对手破产的风险。但是，对交易对手的信任问题，并不仅限于此。

对方可能在打马虎眼，也有可能是诈骗犯。由买卖双方直接交易发展到交易所交易，通过设置清算机构，能解决交易对手风险问题。但是，无法信任对方的问题，却不能通过这种方式得以解决。

市场的作用虽然是连接需求者与供给者，但大前提是获得财物及服务信息。亚当·斯密所论述的市场高效运作的大前提就是能够获取这些信息。

但是，现实中，服务提供者拥有服务质量相关信息，而需求者却没有。例如，在出租车乘车点，等待出租车的乘客无法获知接下来所乘出租车司机车技如何。

这就是所谓的"信息不对称性"或者"信息不完整性"问题。诺贝尔经济学奖获奖人乔治·阿克洛夫将该市场称为"柠檬市场"（"柠檬"在俗语中指的是品质不好的商品。特别是品质不好的二手车）[1]。而且，若该市场恶性循环，服务品质就不断降低。

然而，我们不得不进行交易。不得不信任交易对手。那么，什么样的对手才值得信赖呢？

## 2. 在政府机关的注册、登记等

### 依赖政府部门公信力的真实性认定

为证明真实性，迄今为止人们进行了各种尝试。公证办事处的证明、印章证明、登记簿登记、密码、许可证、MyNumber 等等。这些都出于人们对公家的信任。

上述每一个都不能脱离纸质系统。虽然税务中数字记录终获认可，但存在局限。而且，即便是政府机构，也有可能出现篡改记录等行为。

互联网导入 SSL 认证来确认真实性。但是，要获得此认证，需要高额费用。

正如第 1 章第 2 节所述，使用区块链可以解决这一问题。因为写入区块链的记录不能更改。

互联网利用这一特性将推出各种服务。

比如，目前正在探讨将区块链用于专利、著作权等知识产权的权利证明及土地登记、婚姻登记等官方证明服务，以及证明电影、音乐等是否为正版的服务。总之，无需向公家和中介支付费用就能证明谁是权利人。类似服务的主要内容如下。

### 爱沙尼亚热情高涨的 e-residents 项目

爱沙尼亚于 2015 年 12 月推出基于区块链的公证服务。该系统被命名为"e-residents"，提供婚姻、出生、商业合约等公证服务[2]。这是首例由国家运营基于区块链的项目。爱沙尼亚是创立 P2P 电话"Skype"的发达国家，因此推出上述项目并不令人感到吃惊。

e-residents 本体自 2014 年 12 月启动。颇有意思的是，就算不是爱沙尼亚国民也可申请该服务。一旦申请通过，就可在爱沙尼亚设立公司、利用银行服务等。英国脱离欧盟后，来自英国的申请增加。具体原因如下。

欧盟实行"passporting"制度。欧盟成员国取得金融业营业执照后就可在欧盟全境开展金融业务。但是，一旦英国脱离欧盟，在英国取得营业执照的金融企业将不能在欧盟活动。爱沙尼亚是欧盟成员国，且该国对公司再投资的留存收益不征收法人税。因此，大家热衷于在爱沙尼亚成立公司，取得金融业营业执照，享受 passporting 特权并在欧盟开展活动。爱沙尼亚政府还在名为 howtostayin.eu.（意为"如何留在欧盟"）的网站上鼓励人们在该国成立公司[3]。

截至目前，该网站收到来自 135 个国家的 12000 人、1000 家企业报名。

大多与投资咨询、计算机项目有关[4]。

有人怀疑该项目是滋生避税的温床，爱沙尼亚政府却不以为然，原因是在该国的母公司需要缴税。

纳斯达克将为爱沙尼亚政府提供区块链技术。爱沙尼亚将导入名为Open Assets 的区块链，测试是否可以用它完成公司注册、年金登记、行使决议权等登记注册类业务。而且，有消息称爱沙尼亚也在开发基于区块链技术的电子股东投票系统。

瑞典政府已开始试行管理不动产登记信息的区块链[5]。中国也有类似项目"智能城市计划"。美国佐治亚州政府也在进行此类尝试。

此外，人们相信这还将在征税记录、社会福利服务、护照发行、人口统计等公共数据记录方面发挥作用。

### Proof of Existence（存在证明）及 Factom（公证通）

Proof of Existence 就是向第三方证明某物品或某事件，在过去某个时刻存在过[6]。该服务始于 2013 年。

区块链所记录的不是文本，而是文本的哈希值。正如第 1 章所述，不同的文件会产生不同的哈希值。所以，通过区块链来记录某个哈希值，就能成为该文件在某时间点存在过的证据。而且，由于记录的是哈希值，所以不会暴露文件内容。

这样一来，无需知晓合同、申请书、订单等所有文件及记录内容就能证明其存在。记录发明、发现的笔记等也无需公布其内容就可以证明其在某时间点确实存在过。

可以认为这是"零知识证明"的一种方法。所谓零知识证明，是一种证明者无需向对方提供信息本身就能证明自己拥有该信息的方法。

Factom（公证通）也提供类似服务[7]。

该服务能够管理、追踪、监督各种文件和记录，实现比集中型系统更安全、更准确地数据管理。

Factom 在区块链的记录与 Proof of Existence 相同，都是文件及数据的哈希值。所以，不必担心机密数据泄露。记录使用被称为 Factoid 的专用验证令牌。

2014 年 11 月公开的白皮书中，讨论了一个极有意思的话题——"非存在证明"（Proof of non-existence 或 Proving a negative）。换言之，这是对某物或某事"不存在"的证明。

一般来说，这是个难题。比如，至今无法证明"火星上不存在生命"这一命题。将来，就算人类在火星上建成基地，也将很难证明这一命题。

在法律领域"非存在证明"也很重要。从古罗马时代开始，关于所有权可信性问题就一直是个难题。这是能否证明所有权转移至某个人，而不是其他人的问题。

"非存在证明"在"有界限的（bounded）"系统中是可行的。调查所有数据后依然一无所获的话，就能证明不存在。

比如比特币，所有交易都记录在比特币的区块链中。所以，已经存在 A 向 B 转账的记录，如果不存在 A 对其他人的转账记录的话，系统将认定不存在双重支付，进而认定 A 向 B 的转账正当有效。

那么，换作是土地的话会如何呢？如果所有交易均在政府的登记系统里有记载、没登记的交易视为无效（也就是说，假如系统有界限）的话，人们只需查询登记部门的登记记录就能搞明白，登记在册的人就是土地的所有权人。

但是，发展中国家的情形并非如此简单。政府登记制度不完备，致使一些土地和交易没有登记。这种情况下，该系统就是"无界限的（unbounded）"。

所以，仅从政府登记簿来看无法获知谁是土地的合法所有人，必须考虑实际交易情况，因此，所有权的确定极其困难。Factom 在实际应用中会遇到这个问题。我们将在第 9 章第 2 节展开论述。

## 3. 商品履历追踪

### EverLedger——钻石的履历追踪

多家企业可使用区块链共享信息，所以区块链也可用于物流管理。

供应链管理中，"traceability（可追溯）"很有必要。这指的是追踪商品从生产到最终消费（废弃）全过程的流通路径。商品在何地由何人生产，其后又经历哪些所有人。通过记录食品的生产、交易数据能有效预防倒卖废弃食品。

区块链可使传统供应链系统的可追溯功能低成本运营。

比如，EverLedger 正在开发一种将区块链应用于钻石交易的系统[8]。传感器严密测量每颗钻石的形状，将数据记录在区块链中。原产地证明之外的其他交易履历也能记录在区块链中。因此，购买人可追踪其来历。

由此人们能够避免购入"Blood Diamond"（因资金筹措纷争卷入不法交易的钻石）和赃物。

存在以下类似服务。

·Ascribe（数字内容权利的发行及证明、防伪验证、真品验证、交易履历）

· Assetcha.in（贵重物品加工、流通过程管理）

· Blockverify（绘画、钻石、名牌商品及药物防伪等管理）

· Chainfy（名牌商品真假判定、美术品所有权转移记录）

· Midasium（不动产市场中租赁合同的完善）

· Provenance（各种商品履历记录）

### 二手车用品交易平台

Autobacs Seven 公司于 2016 年 8 月表示，已开始试运行基于区块链的个人二手车用品交易平台[9]。

该公司宣称："本平台基于不易篡改的区块链管理各商品的购买日期、

持有人信息，并将其中部分内容出示给有购买意向的人，为用户提供高信任度的交易环境。此外，因为可以全程追踪商品自售出到废弃的全过程、查询其所有人，所以该技术有望帮助解决不法丢弃等社会问题。"

以往个人二手车用品买卖，只能依赖卖方提供商品相关信息。而基于区块链管理信息可保证信息真实性。

Autobacs Seven 管理买卖平台，在交易完成时向用户收取手续费。

### 资产证明

新加坡初创企业 DigixGlobal 基于以太坊（Ethereum）区块链平台实现黄金所有权数字化，并以实物黄金为背书发行虚拟货币 DGX[10]。

黄金以证书形式进行交易并不新奇。实际上，金本位制时代的纸币兑换就是这种形式。至今大多数黄金仍以证书形式交易。然而，传统交易形式存在问题。

第一，交易成本高。除手续费外，还存在"商品间的价格差"，因此必须支付相当于黄金价值 5% 以上的价格。要将成本降到 5% 以下，交易额必须要达到 421 美元以上。与此相对，通过 DGX 可低成本进行黄金交易，交易起始门槛最低降至 0.001g。

传统交易形式的第二个问题是需要信任黄金公司。老牌黄金公司虽说可以信任，但也不能保证 100% 没有问题。而新黄金公司则很难获得人们信任。

DigixGlobal 使用"Proof of Asset（资产证明）"机制克服了这些问题。Proof of Asset 将黄金保有量、真伪鉴定书、保管人、外部监督人等信息记录在区块链。而且，DGX 发行额仅限取得保管和保证资格的黄金量，所以可保证价值。DGX 也可与实物黄金进行交易。

基于该机制，无需信任 DigixGlobal 组织，就可获得 DGX 资产信赖。

一般来说，小企业和初创企业为证明自有资产需要花费巨额成本。而使用 Proof of Asset 机制可大幅削减该成本。

## 4. 区块链管理个人数据

### 医疗数据

假如使用区块链可追踪商品履历，当然也可追踪与人相关的数据。

首先，最需要追踪的是医疗数据。

本章第2节中 Factom 宣称已联手医疗记录及服务方案供应商 Health Nautica 共同研发基于区块链的个人医疗信息记录系统[11]。

记录自孩提时代起的所有医疗数据是医疗领域翘首以盼的事。使用该数据将能极大地减少医疗事故。

现阶段，个人医疗数据分散保存在各机构，而非统一管理。因此，调配医药及诊疗时，很多情况下不能有效参考既往数据。由个人记录常备药信息，必要时将其告知医师及药剂师。假如不能在同一医院参阅病人病历，本人必须将既往病历及治疗历史告知医师。外出中因脑中风等疾病倒下时，既往治疗数据能否正确地传达给医生，真的很令人怀疑。人们希望即便只是常备药及最近既往病历也能有完备的个人医疗数据统合系统。

在一定条件下，此类个人医疗数据也可作为大数据应用到医疗研究中。这样一来，诊疗方式及治疗方式将有望取得飞跃式发展。

### 教育信息和资格信息

索尼教育子公司 Sony Global Education（SGED 索尼全球教育）在 2016 年 2 月通过区块链技术，让加密后的个人受教育程度、学习活动等数据在特定两个人间安全使用成为现实。一旦成绩数据记录在区块链，包含 SGED 在内任何人将无法篡改数据。获得本人许可后，可简单地与其他考试机构共享信息[12]。

有人考虑将区块链技术应用到入学考试中。现在某些大学入学考试仍参考 TOEIC 等外部考试成绩，而大学与考试机构间的信息交流主要通过纸质文档完成。使用区块链将大幅简化工作。在大学或高中的入学选拔中，自幼儿园起的各阶段学习成绩、学习态度、课外活动成绩等一系列长期数据将被列入考核范围。

而且，经考生本人许可后考试机构 A 将考试结果交给评价机构 B，B 以灵活基准算出分数。此外，也可应用到多个教育机构参与的高可信度的考试中。

SGED 一直在互联网上举办世界规模的数学考试"世界趣味数学挑战赛（Global Math Challenge）"。

截至目前，已有来自 80 多个国家的 15 万人参加过这项考试。比赛综合答案正误、答题用时后给出最终得分，这是以世界标准测定考生能力。2017 年，该比赛计划使用区块链管理成绩数据。

这项技术在医疗保健、环境、能源等领域的应用也备受期待。

Learning is earning 将扩大教育对象，构筑与 SGED 类似的系统[13]。其对象不仅是学校教育，也包括社区学院和个人。而且，区块链中记录的数据能灵活应用到就职等各种场合。

现在，就职时除了学历及学校成绩外，也会参考 TOEIC 等考试结果。然而，这只是临时参考。我们必须更加系统地利用这些信息。

针对 Learning is earning 系统，有人反对将一切学习与收入挂钩。而且，也有人反感赤裸裸地用数字表示个人能力。但是，这比依靠亲属关系、人情关系等决定就业要更透明公平。此前，真正有能力的人并未得到应得的高评价。只因碰巧出生在好家庭就能获得更多好处，这样的不公平将消失，用人方面的失误也会消失。

而且，我一直认为日本大学仅凭几天笔试的成绩就决定是否录取这种做法存在很大问题。假如考生在考试当天正好感冒、身体不适，考试就可能不合格。而这件事将影响该考生的一生。

大家都承认存在上述问题，却没有采取应对措施。录取考生时虽能参考高中成绩报告，但也仅限于参考。而且更不会参考学校系统外的教育。原因是上述成绩的电子数据并没有统一保存，缺乏可信度。

学生一旦进入日本的大学，就算成绩不好也不会被中途淘汰，最后都能毕业。所以，学生一旦进入名牌大学，就会产生一种已获得人生通行证的错觉，放弃学习。

实际上，大学毕业后，就职时要参考 TOEIC 等成绩。因此，通过 TOEIC 等考试后，学生的学习热情就会下降。虽然人们总在强调终生学习的重要性，但是如果缺乏学习激励机制，学生便不会有学习主动性。因此，一般大家会认为比起工作后继续学习，奉承上司、处理好职场人际关系更为重要。日本经济停滞不前的最大原因就是学生在大学入学考试结束后停止学习。迄今我一直在强调升入大学后继续学习的重要性。但是，不能否认正在不断发生改变的积极性问题。

而且，据说 Learning is earning 系统可以与奖学金挂钩。投资人将投资未来有才干的学生。让市场运作奖学金这一构想，历来是经济学者梦寐以求的事。由于不易评估，所以一直无法实现。但在原理上这是可行的。

Recruit Technologies 和 ascribe 于 2016 年 4 月启动将个人经历录入区块链的项目[14]。与此同时，也将录入工作履历和官方授予的资格证书等信息。

履历造假的情况很普遍。也存在误译外国履历的情形。因此 HR（Human Resources 人力资源）领域对于真实履历的需求应该很大。伴随此类服务不断发展，它将有力提升人力资源的流通性。

医疗领域也是如此。教育信息、资格信息的储蓄和累计需要一个过程，将花费较长时间。所以，不能期待上述系统能有立竿见影的效果。但它们将成为构筑未来社会的重要基础设施。

区块链中录入医疗、教育成果等个人数据，这样的世界看起来宛如老大哥的世界，但实际并非如此。

在老大哥的世界里，人们的个人信息被某人掌握并用于大家不知道的地方。第 6 章第 4 节论述的中央银行发行虚拟货币的世界就是典型案例。但是，本人通过区块链可以控制个人数据，不会发生数据用在本人不知道的地方的情形。因此，二者在根本上存在差异。

# 第 8 章　区块链的应用：IoT（物联网）

IoT 当前备受瞩目。但是，仅凭物品联网无法产生经济价值，黑客攻击问题也会更加严重。区块链将成为 IoT 中不可或缺的技术。

## 1. IoT 缺乏经济视角

### "Industrie 4.0"（第 4 次产业革命）

IoT 是 Internet of Things 的缩写，意思指通过互联网（Internet）连接物品（Things）。而且，物权人也能相互交换信息。因此，也被称为"物品的互联网"。

此前与互联网结合的是 PC（个人电脑）、智能手机、平板电脑等信息设备。电视、数码相机等数字信息家电也逐渐开始连接互联网。通过在物品上安装传感器，IoT 的对象范围将进一步扩大。这样一来，人们将采集到所有物品的相关信息，并用这些信息去做各种事。

GE（General Electric Company，通用电气公司）在实时监控自己公司生产的喷气式发动机，这些发动机被安装在世界各地的飞机上。航空公司和海运公司在实时监控他们的客机和船舶的航行情况。

电力产业正推行基于智能电表的电力用量管控、发电设备远程控制，基于智能电网（新一代供电网）的区域单位能量管理等。其次，通过将 IoT 导入工厂管理有望提高制造业生产力。

德国正在推进所谓"Industrie4.0"（第4次产业革命）项目。该项目通过互联网连接多个工厂和机械，将其全部看作一个系统，从而实现生产效率最优化。Industrie4.0将主导新的产业革命。日本政府的发展战略也应遵循该方向。美国GE基于类似构想正积极推进"工业互联网"。

但是，要真正导入IoT仍存在各种问题。为解决这些问题，正如下文所述，区块链技术必不可少。

### 确保安全很重要

很多人期望通过IoT建立梦寐以求的世界。但是，仅仅将所有物品与互联网结合，不一定能够产生经济价值。这是许多人容易陷入的一个大误区。要实现所有物品与互联网结合，传感器的需求的确会增加。但是，"因此，大力生产传感器吧"，只是陈旧的制造业构想。

第一，由于互联网是可信度很低的通信手段，所以，我们不得不考虑"与机器连接真的没问题吗？"

第二，必须考虑如何通过传感器得到信息。这是IoT最本质最重要的问题，日本基本上还没意识到此问题。

首先我们来看第一个问题，IoT将各种物品连接后，这些物品将可能成为网络攻击的垫脚石。以往信息安全与个人信息等息息相关。但是，将物品纳入信息系统后将产生新问题。假如控制系统遭到网络攻击，将有可能发生大规模停电、断水、工厂停产等一系列大事故。汽车及医疗器械等也存在被黑客攻击的风险。如果医疗系统发生事故，将造成极为严重的后果。

而且，机器人、无人驾驶飞机也存在被犯罪分子、恐怖分子利用的危险。随着IoT的普及这个问题会不断恶化。这是因为对于黑客来说此前不引人注目的对象正是合适的攻击对象。

家用电器没有针对黑客攻击采取充分防御措施，因此攻击者也有可能以此为突破口潜入IoT系统，进而危及整个系统。"将所有物品连接到互联网"从安全方面来看这意味着可能发生令人难以置信的危险。

2010 年 7 月，伊朗核电站的约 3 万台计算机感染名为"*Stuxnet*"的 malware（恶意软件）。该恶意软件导致计算机反复急剧关机和重启、引发金属疲劳、破坏核反应堆。核反应堆陷入失控状态，事件的发展态势极其恐怖。

此外，也存在攻击社会基础设施的可能。黑客会攻击监视、控制基础设施的系统，致使污水流入公园，此类事件已在澳大利亚发生。即使没必要提起 2015 年日本养老金机构信息泄露事件，日本针对黑客攻击的预防措施太过松懈。在这种状态下，物品被连接到互联网上将发生严重问题。

### IoT 在经济上可行吗

除安全性问题外，另一个问题是 IoT 是否存在经济效益。许多新事物技术上可行，但不具备经济效益。IoT 也存在这个问题。

以往 IoT 仅限应用在监控喷气式发动机、智能电表、远程医疗等高附加值领域。因此，基本无需考虑成本。但是，一旦应用对象范围扩大，成本将成为重要问题。特别是应用在家庭自动化领域。

成本高是因为考虑沿用以往信息处理模型。使用 Client server system（客户端—服务器系统），成本将提高。

IBM 在 2015 年 1 月发表的《白皮书》中指出 IoT 中存在的问题[1、2]。报告中称，现有机制下，人们无法扩大 IoT 的使用范围。这是因为使用集中型渠道，费用会不断增加，并且容易遭遇安全侵害。具体存在以下问题，为解决这些问题，必须将区块链技术应用到 IoT 中。

（1）客户端—服务器系统成本高

尽管大家都认为 IoT 很重要，IoT 的具体应用却迟迟未在现实生活中普及。与网络相连接的重工业设备仅有 30% 左右，互联网视听中智能 TV 只占 10%，家庭自动化所占比重更小。

这是因为没有考虑到信息传递及处理成本。以往的客户端—服务器系统需要管理者，所以成本很高。

（2）仅连接无法产生价值

提到 IoT，很多人认为只要连接各种机器，就能自动产生价值。但是，仅仅连接机器是不会产生价值的。

家庭自动化将产生多大价值仍是未知数。尽管如此，日本正一本正经地探讨将面包机之类的联网。将面包机连接到互联网的目的是什么呢？是想远程操纵面包机开关吗？还是要在电视上播放面包烤制过程？能够实现的话，可能的确很方便，但宣传这些效果的人，还不太清楚要达到这些效果需要花费多大成本。远程操控面包机需花费数十万日元，所以大概没人会采用远程操作吧。因为仅将面包机与互联网结合不会烤出更美味的吐司。

（3）不存在提高收益的商业模式

工厂的话，可以通过机器最优化运转等措施提高经济利益。但是，在家庭自动化方面，目前并没有 IoT 有效提升收益的方法。将设备与互联网结合确实能得到用户数据。一般情况下，来自不同信息设备的用户信息作为"大数据"具有价值。而且，这些免费获取的数据能够收为己用。例如，便利店基于销售额制订销售计划。但是，不能出售普通家庭的数据信息。

（4）需要不仰仗信赖的方式

联网机器的数量，1975 年全球 1 万台左右，2005 年约 25 亿台，现在约100 亿台。假如 IoT 得以普及，到 2050 年，连接的设备数量将超过 1000 亿台。虽然可通过值得信赖的管理者运营如此大规模系统，但成本非常高。

## 2. IoT 离不开区块链技术

### 需要的不是集中型 IoT 而是分布式 IoT

以往观点认为 IoT 将通过集中式系统运行。从国家层面来看，这与苏联等国家的计划经济如出一辙。

正如上文所述，这样的方式存在诸多缺陷。最大的问题是运营系统成本过高、经济效益低。

IBM 认为单一企业控制的集中型大数据中心无法解决低成本、隐私权、独立性这些课题。而且，信息在存储、发送、交流过程中，需要构建一个无需个人或集团间互相信任、不依赖第三方机构的 P2P 系统。

具体来讲，该系统中必须导入区块链技术。各个设备按照设定好的规则运行。也就是说，支付、同意、交涉等操作将自动完成。区块链将成为设备履历、商品变更、质量保证等的巨大数据库。而且，IoT 供应商将来可能会把软件维护等任务委托给区块链。

这是新一代 IoT，即"物品的分布式互联网（DIoT）"。

以往集中型数据管理方式将很难应对今后 IoT 联网设备数量的爆发式增长。因此，人们将不得不导入分布式区块链。

基于区块链的分布式 IoT 有望成为处理设备间交易的真正革命性手段。

### IBM 基于区块链的 IoT 实验

IBM 和三星正在开展洗衣机实验，洗衣机基于区块链能够执行自动修理故障、订购洗衣粉等操作。这项实验被称为 ADEPT（Autonomous Decentralized Peer-to-Peer Telemetry：自律分布式 P2P 远程通信程序的简称）[3]。

按照以往的考虑，首先要将洗衣机故障、洗衣粉余量、电价等信息发至中央数据中心，然后按照预先设定好的程序进行决策，最后将决策指令发送给修理工、洗衣粉销售商、家里的其他设备。但是，在 ADEPT 中，这些都将基于区块链技术自动完成。

（1）自动维护

监控洗衣机的零部件，发现故障时，查阅保修信息，并发出指令请修理工更换零部件。使用区块链，以上操作将无需人力自动完成。

（2）洗衣粉等易耗品的管理

洗衣机的洗衣粉余量减少时，系统会核实是否与清单所列销售商签订洗衣粉购买合同。而且，只有在得到物主许可后才会订购洗衣粉。

上述计算机协议——"智能合约"将预先设定好。"按照预先订好的合约，自动完成基于区块链的交易"，这在比特币等虚拟货币领域已经实现。"预先订好的合约"并不限于虚拟货币交易，也适用于一般合约。"智能合约"也能应用到现在所能想到的对象中。

（3）与其他设备交涉，进行电力管理

假设电价出现了大幅上涨。得知此事后，洗衣机会发送信号。比如，给电视机发送信号，要求切断电源。

但是，如果此刻刚好是电视节目播出的黄金时段，电视机会拒绝该要求。然后，将洗衣机的使用时间推迟数小时。这样就能节约电费。

设备间电力共享的此类"合约"也将以智能合约形式订立。

## 3. 共享、IoT、区块链

### IoT 基于区块链的未来形态

本节将探讨区块链与 IoT 联合将构筑怎样的社会。

一般来说，区块链适用于智能合约（计算机能理解的合约）。合约的交涉、订立、执行等都在区块链上自动完成并记录。这样一来，可以在短时间内、低成本执行复杂合约。

各种物品连接到 IoT 后，经过 ID 确认的设备将在区块链上自动彼此联络。这样一来，就会出现下列情形。

首先，基于 IoT 有望提高工厂管理效率。通过实时掌握各种生产信息、维护信息，生产线能实现高效持续运转。需要维修时，机器会发出警告。此外，管理零部件库存情况，并根据销售情况控制生产。

而且，也适用于监控高楼大厦各房间状况。自动调控照明、空调等，削减电力成本，并收集办公室大数据。

医院虽有很多智能媒体，但目前这些设备并未相互连接。通过区块链能构建既保护隐私又能进行互相联络的系统。比如，通过患者身体上的传感器，将体温、心跳、血压等信息发送给网络。该监控实时进行，因此医生不再需要进行无意义的出诊。

另一重要应用对象是城市基础设施（社会资本）的管理与维修。以往一直是"出了故障才进行修理"。但是，这样的话损失会很严重。

通过区块链可以在"出现故障前"采取更换零部件的预防措施。传感器监控基础设施状况，需要修理时系统会发出信号。然后，自动驾驶车就会赶往信号发出地进行修理。如果是简单故障，机器人就能搞定。

例如，无人区的自来水管发出"发生漏水，需要修理"的信号，自动驾驶的修理车就会赶往现场进行修理，然后计算费用要求自来水管管理机构付款。

日本经济高速增长期时修建的城市基础设施即将达到规定的使用年限。因此，各地不断出现了各种故障。构筑基于区块链的管理系统已迫在眉睫。

### 汽车自律驾驶（无人驾驶）与区块链 [4]

IoT 在汽车领域也举足轻重。零部件上的传感器检测到异常后，会向智能手机发出警报。并自动将警报信息报告给汽车生产商和经销商，汽车生产商会就修理及零部件更换向车主提出建议。

自律驾驶汽车，将于 2020 年左右投入使用。这样一来，区块链的重要性将大大增加 [1]。

未来将不再像现在这样自己拥有汽车或打车，而是在需要时使用 Uber

---

[1]　"自动"与"自律"对应的英语分别是"自动 =automatic""自律 =autonomous"。
"自动"指按照事先设定好的方法运行。"自律"指自身进行判断并采取行动。就汽车而言，作为责任人的驾驶者坐在车里监视其运行的是"自动驾驶"，完全无人自动驾驶的是"自律驾驶"。

等服务呼叫自律驾驶汽车，然后乘车前往目的地，这一乘车形式将广泛普及。总之，共享将不断发展。

自律驾驶汽车，搭载上乘客后收取运费，也能够在加油后向加油站支付油费。为避免堵车会选取最佳路线，并选择停车场。所有这些都记入区块链中。未接受车检的车将不能启动。保险到期的车、未缴纳罚单的车也都无法启动。

### 共享经济与区块链

Uber、Airbnb 等被称为"共享经济"。但是现阶段，服务提供者与接受者之间存在管理者。所以，很难说这些是本来意义上的共享经济。

"共享经济"本来应该是 P2P。这是服务提供者与服务接受者不依赖中间人直接进行交易的一种机制。该机制通过区块链成为可能。要打造真正意义上的共享经济，区块链不可或缺。

这里最重要的要素是锁与钥匙①。

现阶段，钥匙是现实形态。就汽车来讲，去租车公司领取现实意义上的钥匙后才能开车。但是，使用区块链可将钥匙变为电子形态。正如只需智能手机即可完成虚拟货币转账，使用电子形态的钥匙也能打开车门、启动发动机。这样的锁被称为"智能锁"。要使用上述自律驾驶汽车，智能锁必不可少。

此外，共享经济也可用于其他领域。比如，使用 Airbnb 租借房屋时，现阶段必须使用现实中的钥匙。这将花费人力、成本与时间。

但是，使用智能锁，只需在门上挥动一下就能打开房门、电灯。这中间的各种记录也能保存在区块链中。

第 9 章介绍的 Slock.it 这一初创企业正在开发智能锁。

---

① 锁内设于拉门等的内部。钥匙是操作开关的工具。

### 分布式电力市场

TransActive Grid 是 LO3Energy（LO3 能源）与 ConsenSys 的合资公司[5]。该公司基于区块链建立地方电力市场，将利用太阳能电池板发出的电在该市场上销售。以往机制中，电力供给公司单方面给各个家庭供电，但是通过上述市场有能力发电的家庭与有意购买电力的家庭间可以直接交易小额电量。

电力由谁提供给谁，供给量多少，这些信息都将记录在区块链中。该系统与集中型系统相比运营成本可大幅降低。

在纽约的布鲁克林，邻居间可直接进行电力交易的"布鲁克林微电网"正在试点。

维也纳的初创企业 Grid Singularity 计划在发展中国家推出类似服务。

Filament 利用第 4 章介绍的 NASDAQ Linq，将太阳能电池板与 IoT 相结合，试图在区块链上实现电力证书证券化。

### IoT 不是硬件问题是信息问题

日本的制造商擅长制造原材料、零部件、机械，却不擅长将这些结合起来组成有机整体，或者创造新系统。

智能手机就是最好的例子。iPhone 的零部件在之前就一直存在，并不是新生事物，苹果公司只将这些零部件进行组装就诞生了本世纪的热门商品。

很多人认为日本是医疗器械制造强国。但是，厉害的只是 CT 及 MRI 等机械和内视镜等工具。总之，这些都是硬件。对此，正如第 7 章第 4 节及本章所述，区块链将要实现的是如何收集、管理、有效利用医疗信息。日本在该领域做得远远不够。

IoT 本来就不是硬件问题而是信息问题。相互连接硬件一直存在，而连接的目的正是创造出新功能。但是，日本却将 IoT 看作硬件问题，这在本质上就是错误的。

上述 IBM 洗衣机实验目的不是提高洗衣机性能，而是从整体上实现购买洗衣粉等主妇工作的自动化。但是，日本的制造商不会产生此类构想，他们的构想只会拘泥在如何制造既便宜又耐用的高性能洗衣机上。

日本制造业擅长制造物美价廉的传感器。人们能将传感器放入各种各样的机器，使它们相互连接。但是，要从整体上判断该系统是否具有经济意义，这点却不好说。

上述 IBM 报告中指出"虽然能够将面包机连接到 IoT，但仅凭这样并不能做出更加美味的吐司"，这一点非常重要。日本的 IoT 可能会变成这个面包机。

# 第9章 分布式自律组织和分布式市场已诞生

通过区块链执行智能合约可实现业务自动运转。这种组织被称为 DAO。DAO 将成为未来社会的主角。本章将对已登场的 DAO 展开说明。

## 1. 未来社会的主角——DAO

### 什么是 DApp、DAO、DAC？

本章与第 10 章的主角都是大家听起来不太熟悉的概念。首先，我们先简单介绍一下这些概念。DApp（Decentralized Application：也被称为 DApps）指的是基于区块链运营的分布式应用（APP）。"分布式"指该应用基于 P2P（计算机集合）非集中式去中心化运行。利用下节介绍的以太坊（Ethereum），可以制成 DApp。DApp 的具体用例，将在本章第 2 节介绍。

使用这些应用时需要该应用的专用代币（"代币（token）"原本的意思是替代货币。只在某个 DApp 中使用的虚拟货币被称为"代币"）。该代币具备流通可能。用户以支付代币的形式向这些应用付费。

其次是 DAO 组织。这是 Decentralized Autonomous Organization 的简称。也就是，就是"去中心化分布式自律组织"。

在传统组织里处于中心地位的是管理者（经营者）。与此相对，DAO 中不存在管理者，通过构成 P2P 的多台计算机运营。做决定、实际执行、解决纷争，这些不是由人来完成，而是按照协议中预先设定的规则来执行。

DAO 由区块链控制，由于按照不能变更的规则运行，因此，即便企业消失，服务本身也能自动继续执行。

有人认为比特币是全球第一个 DAO。这是因为挖矿方法、比特币产量、认可的交易类型、排除不正当交易等一系列手续，作为"比特币协议"已预先设定。

与传统企业或组织提供的商品或服务相对应，这个系统使用比特币进行支付。股份即比特币，公司职员（劳动者）即挖矿者（构成 P2P 的计算机）。他们的工资就是挖矿报酬，使用比特币支付。顾客是比特币的用户。收入是比特币的交易手续费。

在这个系统中，使用比特币进行一般组织、企业所提供商品、服务的结算。股份即比特币，公司职员（劳动者）即挖矿者（构成 P2P 的计算机）。他们的工资就是挖矿报酬，使用比特币支付。顾客是比特币用户。来自比特币用户的收入是比特币交易手续费。

DApp 与 DAO 的区别在于前者是应用，后者是组织。据 Melanie Swan, *Blockchain: BlueprintforaNewEconomy* 称，DAO 是 DApp 进化后的产物，需要记录组织管理规章及组织资金的筹措方式。

DApp 与 DAO 原本的区别并不严格。研究者及文献不同，使用方式也不同。

也有 DAC（Decentralized Autonomous Corporation/Company）这一概念。这是 DAO 的部分集合，是为股东支付分红的组织。

我在执笔 2014 年刊行的《虚拟货币革命》时，只能列举比特币及域名币作为 DAC 的例子。虽然现在实际存在以下所述的以太坊及去中心化分布式市场，但在那时还是梦一样的东西。

DApp、DAO 与 DAC 等也可以被称为 Bitcoin2.0 或者 Blockchain2.0。

### 以太坊（Ethereum）

最近登场的虚拟货币中，特别值得关注的是以太坊（Ethereum）①[1]。

以太坊是执行用户个人定义的各种智能合约与去中心化应用（DApps）的平台。

以比特币为代表的众多项目中，与只有开发团队才能创建智能合约相比，使用以太坊，任何人都可以自由地创建智能合约。而且，该程序使用图灵完备（能够记述所有程序之意）编程语言。

以太坊通过 P2P 运营，由于不仰仗管理者管理，所以系统不会宕机，并可以每 12 秒进行一次批准操作。

该系统将以太坊交易手续费及智能合约执行手续费比作燃料——Gas。Gas 使用专用货币以太币（ETHer）进行支付，根据作业确定使用手续费。Gas 能够设定交易广播人，Gas 越大，与挖矿人相比，其交易被优先批准的可能性越高。

以太坊上正陆续出现自动执行各种合约与业务的构想，将近 300 个 DApps 已经登记注册[2]，本章第 2 节将对其中某些进行介绍。

以太坊协议语言被称为 Ether Script，以分色模块方式表示，可以说为方便用户阅读及直观理解下了很大功夫。其中案例如 PWC《区块链及智能合约自动化：智能合约如何实现电子商务的自动化？》的第 3 页所示[3]。

以太坊在《虚拟货币革命》中出现时还处于构想阶段，但 2015 年 7 月，以太坊最初版本开始运行，并投入实际使用。

以太坊总市值在 2016 年 11 月 26 日约为 7 亿美元，比特币约 118 亿美元，虚拟货币整体总市值约为 137 亿美元，以太坊及比特币占虚拟货币整体市值的 91%。

---

① 在日本，以太坊发音重音在前，但英语的重音不在第 1 音节，在第 2 音节。

## 2.DApps 与 DAO 的构成部分

### 共享经济　Slock.it

下面我们将介绍 DApps 和 DAO 的构成部分。

首先是第 8 章第 3 节中开发智能锁的 Slock.it。Slock.it 2015 年 9 月创立，是一家本部位于德国萨克森州的初创企业。智能锁基于区块链运用，并以 DAO 的形式运行。

该公司的主页上有如下说明[4]。

·使用 Slock，可出租闲置自行车，实现对其有效利用，可按需出租停车场，并实现 Airbnb 公寓全自动化。这将成为未来共享经济的基础。

·只需一步就可出租自行车、投资保险、接收货款。由于使用区块链，所以出租自行车交易全部作为公开记录保存，可以追踪、调查该记录，从而保证交易透明安全地进行。

·只要是能安装电子锁的物品，无需任何第三方也能完成租借交易。

### 拼车应用　La'Zooz

La'Zooz 通过不依赖运营商的 DAO 形式来提供汽车拼车服务[5、6、7]。该项目由以色列初创企业策划（La'Zooz 在希伯来语中是 move 的意思）。

通过区块链将拼车需求与供给联系起来。例如，某人要从郊区某城镇开车到市里上班，他的车内有富余空间，从同一城镇到开车人上班地点附近上班的人就可以一起拼车。需要拼车的人，根据行驶距离支付被称为 Zooz 的代币。提供拼车服务的人收取 Zooz。

Uber 常被称为"共享经济"。但是，是否可以称其为真正意义上的共享却存在疑问。从用户方面来看，Uber 只是打车服务。将自家车信息注册在 Uber 上搭载客人，只是将私家车当作出租车，很难说这就是"共享"。真正的"共享"是 La'Zooz 意图实现的东西。

然而，要让 La'Zooz 的服务发挥作用，需要足够多的人加入 La'Zooz 网络。创业者们推测，地区人口的 3% 参与进来才能实现上述状态。虽不知道什么时候能真正实现这一临界数量，但我认为这是一个非常有意思的构想。

美国为消除高速公路拥堵，实行拼车制度。划定高速公路最左侧车道为专用车道，只有乘车人数达到规定标准的车辆才能使用该车道。使用该车道，即便上班高峰期也能顺利通行。人们为了能走专用车道纷纷拼车以凑足人数。

目前是同单位的人互相联系一起拼车，假如使用 La'Zooz，共享范围将进一步扩大。这样一来，不仅可以消除道路拥堵，也有助于节约停车空间。

虽然目前还未提供实际的服务，但是用户注册 La'Zooz 并报告车辆行驶状态的话可获得代币 Zooz。La'Zooz 方面，可以获知车辆运行状态，并将其作为将来实际提供该项服务时的参考。

该服务不局限于汽车拼车，目前也正在探讨实现飞机空座及运输机闲置空间的有效利用。

Uber 的话，可能因为当地出租车公司反对而无法顺利开展业务。但是 La'Zooz 本身是 DAO，所以不会成为诉讼等的对象。

### 众包　Colony

众包是指将打算对外委托工作的企业与打算获得工作的个人相连接的服务。

虽然已存在几个在线匹配网站，但这些都通过中介企业运营。与此相对，2014 年在英国创立的 Colony，不依赖特定众包企业，它提供平台供 Colony 参与者彼此直接联系[8]。根据提案和投票做决定，并根据贡献度进行评估（然而，由于仍在实验阶段，所以一般用户还不能使用 Colony），也可认为这是有关人类能力的共享。

第 7 章第 4 节论述了 SGED 及 Learning is earning。这是将个人学习记录记入区块链的系统。假如该系统与 Colony 结合，将增加有能力的人找到更合适工作的机会。这样一来，扁平化组织会实现，人们的工作方式也有望发生改变。

### 以黄金为背书的虚拟货币　DGX

第 7 章第 3 节介绍了新加坡企业 DigixGlobal 在以太坊平台上将黄金所有权数字化。它使用 DigixDAO，在 OpenLedger 交易平台上发行代币，仅 12 小时就售完了相当于约 6 亿日元的黄金代币 DGX[9、10]。

这次发行的是 DGX 及 DGD。前者是以黄金为背书的代币。将 DigixDAO 看作公司的话，DGD 就是股票。其持有人将从 DGX 交易手续费中获得收入，并拥有 DAO 运营的投票权。此流程将通过 ProofofAsset（资产证明）运行。该技术存在彻底颠覆金融交易的巨大潜力。这是因为它已成功创造出崭新的金融资产及新的销售方式。

上述虽然不是如文字所述的完全自律，但可以理解为已接近自律。

### 自由市场　OpenBazaar

OpenBazaar 是 P2P 的自由市场。目前测试版已发布[11]。

其目的是构建能够安全进行比特币、物品、服务、数字内容交易的去中心化分式市场。与亚马逊、eBay 等服务不同，该市场不存在管理运营的公司或组织。

OpenBazaar 的 FAQ（常见问题解答）中有以下说明。

"不再访问某网站，取而代之的是，有意参与者通过下载程序安装在自己的计算机，与正在寻找商品买卖对象、服务对象的其他市场参与者直接联系。该 P2P 网络不由任何公司或组织管理，是有意向进行直接交易者的社区。"

据说在这个市场上能出售真枪、大麻、香烟等。若是传统网页提供上述服务的话肯定会被立刻关闭。但是，OpenBazaar 中不存在管理者，所以无法取缔。在某种意义上讲这里是无法地带，所以也需要注意。

### 土地登记　Factom

正如第 7 章第 2 节所述，Factom 提供各种记录管理服务[12]，特别是记录、管理土地登记副本，这是它的重点业务。

但是，这并不是简单的操作。仅仅记录数据的话，只需将该数据的哈希值录入区块链中，就能证明存在。但是，由于土地所有人不断变动，就必须更新登记副本。

特别是发展中国家，不动产所有权转移手续非常复杂。例如，地方权力机关可能会有特别要求。而且，购买人不同，比如外国人、农民、临时居住者等，条件也会不同。此外，也存在第 7 章第 2 节中 "非存在证明" 问题。

Factom 曾有意在中美洲的洪都拉斯构建土地登记系统。在洪都拉斯，土地登记文件的管理很不到位，登记记录容易被篡改，据说该国 60% 的土地没有完成注册，不在管理范围内。因此，该国尝试使用区块链管理土地登记。

但是，该国在 2015 年 12 月表示即将停止该项目。陷入这种境地的原因貌似不是技术本身存在问题，而是该国存在反对导入新系统的社会势力。2016 年 1 月 Factom 就与洪都拉斯政府的长期合作伙伴关系做了新表示。现阶段，该问题的发展方向还不太明朗。

Factom 也加入了中国基于区块链进行权利管理、监察的 "智能城市计划" 中。

### 云存储　Storj

Storj 用户在构成 P2P 网络的他人个人电脑（PC）中保存文件，并作为回报支付虚拟货币 SJCX[13]。相反，在用户本人的 PC 中保存他人的文件，也能领取 SJCX。

某文件经分割加密处理后，保存在多台 PC 中。文件片段保存在 Storj 的区块链内。

与传统服务器 / 客户型云存储相比，区块链云存储不需要维护数据中心，因为成本低所以能低价提供服务，而且，文件分割保存很安全。

### AI、IoT、区块链相结合的世界

AI、IoT、区块链相结合，将会诞生真正的自律型组织，个别领域可能会令人意外地提前实现。

比如火车运行，其中大部分不就是通过 DAO 运营的吗？此外，汽车自律驾驶投入实际运用后，运行自律驾驶的 DAO 的重要性将提高。

塔普斯科特在《区块链革命》中，描绘了未来世界中汽车使用情景。多数人不拥有私家车，必要时呼叫 Uber。这被称为 SUber（Super Uber），基于区块链运行。SUber 会记录用户喜欢的车型等内容。用户一呼叫，在附近的车就会收到信息。用户根据到达目的地所需时间、费用，选择最理想的车。

其中，也有人自身拥有自律驾驶车。该车运行到目的地，寻找停车场，然后自己停车。

这里重要的是，车里没有驾驶员，通过 DAO 来运行。该车自己赚取费用，支付燃料费及修理费，制定保险合约，发生事故时，和对方进行交涉。所有这些无需人力全部自动执行。

而且，PwC 报告中描绘了以下自律型 e 电子商务[14]。自律驾驶的卡车群，向配送中心运送物品。在配送中心，机器人进行分拣，自行将物品装载到负责托运的无人驾驶飞机上。然后，无人驾驶飞机再将物品运送到最

终消费者手中。另一方面，一旦最终消费者想退货（尺码不合脚的鞋等），无人驾驶飞机为及时将退货送回配送中心，会预先将智能包裹放在飞机外侧。这样的一个个步骤都在智能合约上进行管理和执行。

目前人类的操作能实现多大程度的自动化取决于机器人技术的进步水平。并不是所有操作都需要由计算机完成，也可以保留人类能够完成的操作。从这个构想来看，能够实现自动化的组织将不断增加。

塔普斯科特认为依靠人工智能运行的 DAO 有可能成为天网。"天网"指的是电影《终结者系列》中的计算机集团。该集团用无人武器组成机械部队，以歼灭人类为目的。

是天网会出现？还是 SUber 式组织遍布整体经济？虽然这看起来像是在探讨 SF 世界，却有可能会意外地提前成为现实问题。

## 3. 应用于各种领域的预测市场

### 基于 DAO 实现公正透明的预测市场

DAO 将给一些领域带来极大改变，其中最具代表的是预测市场（prediction market）。

预测市场指的是围绕将来的事件进行分析预测的市场。比如，预测今年的夏天是否是冷夏等。

也存在各种其他的预测对象。比如，政治性事件（两年后安倍政权是否会继续存在）、运动项目结果（东京奥林匹克运动会中，日本能获得 50 枚以上的金牌吗）、技术性事件（到 2020 年自律驾驶车能在公路上行驶吗）、经济性事件（1 年后比特币价格会跌破 500 美元吗）等。

虽然此前建立过一些预测市场，但其中大部分都是闭塞市场。比如，1999 年美国设立的 Intrade 就是关于各种商品价格及政治事件等的预测市场，但是，该市场存在是否合法的争论，最终在 2013 年 3 月关闭。

这是因为人们一直将预测看作赌博行为。赌博行为之所以被禁止，原因有以下两点。

第一，会刺激人们贪图侥幸的心理。关于这一点，后面会陈述。

第二，庄家（bookmaker）存在进行不正当操作的可能。也就是说，假比赛有可能会按照有利于自身的方向操作赌率和结果。这里的庄家指的是设定赌率及分红的人。

但是，使用区块链将不再需要庄家。因此，赌博将变得公平而透明。预测市场基于 DAO 运行，会首次成为社会性信赖机制。而且，正因为通过 DAO 运行，所以不会像 Intrade 那样倒闭。

最近，正在启动新型预测市场。其中之一是 Augur，作为以太坊项目之一投入运行[15、16]。计算赌率、保管赌金、认定事实、分红都通过智能合约自动执行。任何人都无法随意改动这些操作。

任何人都可以将发生在未来的事件作为赌博登在网页上。然后，只要进行比特币及 ETH 转账，就能参与赌博。所赌事实明确后，系统就会自动进行相应红利分配。

Augur 发行其内部代币（虚拟货币）REP，成功筹集资金 500 多万美元。

### 预测市场为预测制定价格

预测市场将发挥以下作用[17、18]。

假设现在的预测对象是"今年夏天是冷夏"。这里的"冷夏"可定义为类似"某地 8 月平均气温不到 25 摄氏度"。

"此次预测的市场价格是 $P$"包含以下意思。买入 1 注此预测的人，现在需要支付 $p$ 日元。在预测结果就是冷夏的情况下，买入的人会收入 10 日元。假如结果不是冷夏，买入的人的收入将变为零。卖出 1 注此预测的人，现在收入 $p$ 日元。在结果是冷夏的情况下，将支出 10 日元。如果不是冷夏，支出将变为零。

最初，以 *p*=5 日元开始。出现冷夏的概率高于 50% 的人，会买入此预测。这是因为其认为"虽然现在支付 5 日元，但收入期望值将超过 5 日元"。另一方面，推测冷夏出现的概率低于 50% 的人，会卖出此预测。这是因为其认为"虽然现在收入 5 日元，但支付期望值将不足 5 日元"[①]。

买入多少、卖出多少这些取决于人们对事件发生概率的考量。如图 9-1 所示，假设 *p*=5，买入注数会多于卖出注数，买卖将不能成立。

因此，价格将被提高。比如，提高到 *p*=7 日元。与 *p*=5 日元相比，买入订单将减少，卖出订单将增多。即便如此，买入订单仍然多于卖出订单的话，价格将被继续抬高。

如图所示，*p*=7 日元时，卖出订单多于买入订单。在这种情况下，将降低价格。

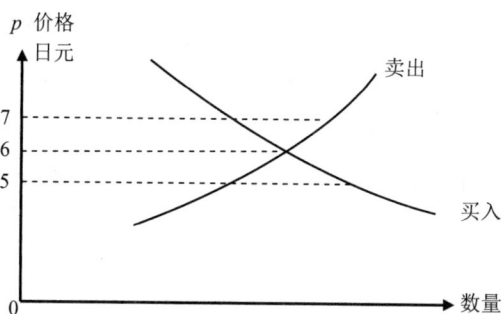

图 9-1　预测市场上的卖出与买入

这样一来，会不断地摸索直到买入订单与卖出订单注数达到一致。二者一致就是均衡价格。图 9-1 中，*p*=6 日元就是均衡价格。

在这种情况下，认为出现冷夏的概率高于 60% 的人与认为该概率达不到 60% 的人，在注数上会达到一致。总之，市场判断可大概解释为"冷夏

---

① 用公式表示如下。价格是 *p* 时，认为该事件发生概率是 $\pi$ 的人，购买 1 注的期望收入是 $-p+10\pi$，该公式为正的条件是 $\pi > p > 10$。卖出 1 注而期望收入是 $p - 10\pi$，该公式为正的条件是 $\pi < p/10$。

概率是 60%"。

一般来说，随着时间推移人们会越来越容易预测到将来的状况，所以均衡价格也会相应发生变化。比如，假设一直到 7 月底气温都很低，就可以推测 8 月气温也会很低。于是，针对同一价格的买入需求就会增加。也就是说，图中的买入曲线将向右移动，卖出曲线会向左移动。结果，均衡价格将提高。

### 分布式事实认定

传统预测由庄家判定"结果如何？"但是，在 Augur 中，由于不存在庄家，为进行事实认定，需要使用被称为 Distributed Fact Stream（去中心化分布式事实认定）的方法。该方法运行机制如下。

募集参与者，这些人对预测对象的事件结果进行判断并表明态度。要成为参与者，必须持有一定金额的代币（虚拟货币）REP 存款。

参与者的判断与大多数人的判断一致时，他跟这大多数人将从所赌金额中获得一定比例报酬。但是，参与者的判断与大多数人不同的话，他的存款将被没收。这样一来，公平性就会提高。为防止参与者之间互相串通，要求必须有多个参与者。

之所以需要该机制，是因为有些预测的结果可能并不明确。

比如，"两年后安倍内阁会继续存在吗？"结果如何任何人都清楚。即便如此，也必须有人将这一信息传达给预测市场。预测对象换做"两年后的比特币价格"的话，就未必所有人都清楚了。因此，需要通过上述机制收集信息、确定结果[19]。

Gnosis 也是基于以太坊的预测市场（目前仍处于准备阶段）。其中，事实确认者被称为"神谕"（即神的指示）。不管是参与者还是神谕，都负责提供区块链之外的信息。

与 Augur 不同，Gnosis 中根据一人或数人的神谕进行事实认定。任何人即便是一个人反对该认定，将由数人神谕的神谕构成的组织进行最终决定。而且，Gnosis 有意导入最后一章第 3 节论述的政治程序 futarchy。

**预测市场的功能**

一般认为预测市场是众包的一种。也就是说，关于将来的预测中充分发挥了"大家的智慧"。

不仅如此，也可以采纳专家见解。关于某种事件的预见中，专家可能掌握着超过常人的丰富信息，并处于有利立场。他们根据在预测市场上买入的赌注，可以获得与其专业知识相符的报酬。

而且，也有人考虑使用"预测的自我实现效果"（假如人们相信预测并采取行动的话，结果将真的变得和预测一样）。

预测的自我实现效果也与技术开发息息相关。如果汽车自律驾驶将在短期内实现这一预测得到扩散，想必企业会积极投入资金、招募人才。结果，技术开发将进一步加速。

**大部分金融功能将被预测市场取代?**

正如刚刚所述，赌博之所以被禁止，是因为庄家会制造假比赛，存在欺诈问题。但是，通过去中心化分布式事实认定，该问题将得以解决。这样的话，就只剩下刺激人们贪图侥幸的心理这一原因了。

然而，在金融领域，那些刺激人们侥幸心理的交易却堂而皇之地得到认可。在 FX 交易中，花费少量保证金就能进行有关汇率的投机行为。股票交易及期货交易中也存在很多投机因素。这些交易之所以会得到认可，是因为通过这些能够规避将来的不确定性。

比如，在期货市场中，由于农业生产者的收入很大程度上受天气影响，所以固定期货交易中农作物的价格，就可以规避天气风险。最近，开发出一个被称为"气候金融衍生工具"的金融产品。这是收益率随天气变化的债券。然而，不管是期货还是气候金融衍生工具，投资对象都是受限制的，并不能规避所有的不确定性。

但是，在任何人都能自由下注的预测市场，能一举提高规避不确定性的可能性。

随着预测市场不断发展，最终会取代各种服务。特别是能够取代传统金融交易的大部分规避行为。比如，农业生产者要规避因为天气原因造成的收入减少时，会赌"今年夏天将是冷夏"。即便实际上正是冷夏造成了农作物收成减少，预测市场的分红也能够弥补农业生产者的损失。

其次，存在 CDS（信用违约互换 credit default swap）这一金融产品。这是对贷款方在倒闭时产生的贷款债券债务不履行行为的保障。发放贷款的金融机构通过购买 CDS，能够转移贷款风险（虽然多数情况下这些商品被认为"与保险无异"，但其运行机制与保险不同。关于这部分，请参考拙著《运用到商业中的经济理论入门》）。预测市场也将取代 CDS，这是因为只需对"贷款方倒闭"下注即可。

这样一来，预测市场与气候金融衍生工具及 CDS 一样，是可以规避未来不确定性的手段。所以，预测市场有可能发展为重要的社会基础设施。

而且预测市场是零和市场，因此一定可以进行清算。此外，通过 DAO 能够确保预测市场持续发展，所以不可能发生无法支付的情况。与此相对，由于承兑人破产 CDS 中会发生不履行合约的危险。实际上，2008 年美国爆发的金融危机（雷曼兄弟倒闭）就是由 CDS 承兑人投资银行和保险公司陷入经营危机引发的。

塔普斯科特在《区块链革命》中认为预测市场将代替期权和 CDS。

期货、期权等金融商品原本就是避险手段。但是，也有可能会用于投机。雷曼事件就是由于金融机构的投机行为引发的。可以说预测市场也会发生类似事情。尽管本来应当作为避险手段使用，但也有可能用于投机行为。许多人对赌博持有消极印象，就是因为一些人将赌博用于投机行为。

不仅限于金融和预测领域，许多技术虽然能增加人类福祉，同时也可能会被滥用。飞机能被用作去遥远地方旅行的工具，同时也是战场上强有力的兵器。不能因为有可能会被用于不好的事情，就禁止某项技术的使用。

预测市场不仅能用于上述经济事项，目前还有将其应用于政治领域的相关提案。该部分将在最后一章第 3 节论述。

在政治领域预测市场也有可能会被滥用。例如，假如"某政治家将在两年内病死"的赌注预测概率很高，这位政治家的支持率可能会变低。

事态本来就不会如此简单。这是因为假如这位政治家真的很健康，通过卖出这项赌注能获得巨大收益。

## 4. 备受瞩目的去中心化分布式市场

### 什么是分布式市场？

"去中心化分布式市场"（分布式交易所 Dex：Decentralized Exchange）是基于区块链分布式地进行各种资产交易的市场[1]。

这里的"分布式"不是像传统交易那样，管理者集中处理、记录交易，而是由处于同等地位的多台计算机组成的 P2P 处理、记录交易[2]（关于 P2P，参照第 1 章第 1 节）。

在这里进行交易的不是美元纸币、股票、金块等实际物品，而是虚拟资产。然而，如果虚拟资产价值与现实资产价值实现联动，那么拥有虚拟资产就如同拥有实际资产一样。比如，假如拥有价值与美元相联动的虚拟

---

①　在兑换所（交换所）中，兑换所基于牌价所示汇率进行兑换。与此相对，交易所出具限价订单及时价订单。虽有可能不能立即约定兑换，但与兑换所相比能够使用更有利的汇率进行交易。然而，由于集中型交易所至约定为止耗时长，因此存在交易对手风险。

②　虽然在日语中 decentralized 与 distributed 都是"分散"，但在英语文献中，二者存在区别。该区别如图 9-2 所示（资料来自于 PaulBaran, On Distributed Communications Networks，1962）。

在"集中"系统中，整体只有一个中心。decentralized 中存在数个地方性中心。distributed 中，全体成员在同一立场上相互联系。

资产，将如同拥有美元一样，就不必持有美元纸币及金块。

比如，有些商店"由于交易成本低所以能够接受使用比特币进行结算，但是因为比特币价格不断波动，因此不愿持有比特币"，并认为在分布式市场将比特币兑换为其他资产会更好。

实际交易对象除比特币等虚拟货币外，也包括与美元及日元等价值相联动的虚拟资产。下面将对这个部分进行论述。

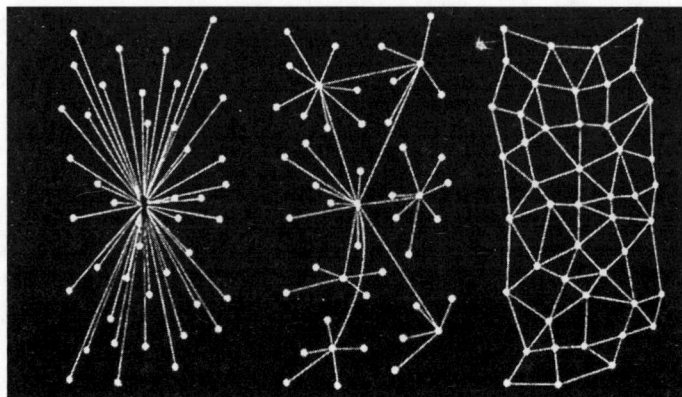

centralized（中心化）　　decentralized（去中心化）　　distributed

图 9-2　decentralized 与 distributed

资料：PaulBaran, *On Distributed Communications Networks*，1962

### 为什么需要去中心化分布式市场

各种各样的资产交易此前都是在市场上进行的。那么，为什么需要分布式市场呢？因为在以往的交易所中，存在以下问题。

（1）安全问题

2014 年 2 月在比特币的交易所 Mt.Gox 中顾客的比特币消失，最终不得不进行封锁。这是因为 Mt.Gox 是存在管理者的集中型交易所。这之后，又有几家交易所相继破产。

这些并非完全由不可抗力引发。也存在管理者盗取顾客的货币等有目的的犯罪行为及欺诈行为。

（2）成本高

在集中型系统中手续费很高。即使虚拟货币本身的转账成本很低，由于交易需要花费成本，所以整体成本可能并不低。

（3）到结算为止需花费很长时间

关于这个方面，已在第 4 章第 1 节论述。


与此相对，分布式市场拥有以下优点。

（1）不需要信赖对方

在分布式市场中，可以在区块链上直接与其他用户进行交易。由于资金余额、交易记录、担保等所有的信息都记入区块链中，所以不能篡改及破坏数据。因此，不用担心资金被盗问题。而且，几乎不存在交易对手风险。

之所以对交易所施加管制，是因为其存在上述（1）、（2）、（3）这样的问题，但如果是分布式交易所，这些问题将消失（另一方面，由于不能取缔，因此也容易成为洗钱的手段）。

（2）交易成本低

不需要再支付高手续费，可以低成本交易。

（3）能够缩短到结算为止的时间

从第 4 章来看，交易通过以往的系统来运行，通过区块链进行结算。在分布式市场中，所有交易都将通过区块链来进行。虽然不能进行超高速交易，但能够大幅缩短到结算为止的时间。

（4）增强流动性

以往的交易所，由于是多个交易所分散进行交易，所以在交易量少的交易所，有时交易不能立刻完成。如果全球的交易都集中在少数的分布式市场进行的话，由于增强了流动性，所以能够立刻完成交易。

### 使用比特币型区块链的分布式市场

从一开始，去中心化分布式市场就被认为朝着使用比特币的区块链方向发展。在该市场中，使用转账等服务时，需要支付少量的比特币。具体内容如下。

（1）彩色币 Colored Coins

比特币的交易数据中，除比特币的发送量、发送地点外，也存在能够填写数据的空间，通过在这个空间内记入追加信息，就可以表示一些特有的货币。从"为比特币添加颜色"这一意义上来说，称其为彩色币（Colored Coins）。修改下这句话的字体，与前后文保持一致。

NASDAQ 使用的 Open Assets Protocol 就是彩色币的代表。

（2）Omni

2013 年 9 月一个命名为 Mastercoin 的项目被启动，2015 年初更名为 Omni。

Colored Coins 与 Counterparty 相同，都可以在比特币的交易数据中填入追加信息。具有分布式交易所、发行个人货币等功能。

为避免垃圾邮件打扰，使用发行货币功能等部分功能时需支付少量它的主流货币 OMNI（旧称 MSC）。该项目筹集到项目资金约 6 亿日元。

（3）Counterparty

Counterparty 具有去中心化分布式交易所、发行个人货币等功能。2014 年 1 月对外公布。

与 Colored Coins、Omni 相同，可以在比特币的交易数据中填入追加信息。由于使用比特币的区块链，因此每次需要支付少量的比特币。而且，有时候为避免垃圾邮件打扰，需要花费一些它的主流货币 XCP。

也会有转账确认需花费大约 10 分钟之类的比特币协议的制约。

### BitShares 及 SmartCoin 的机制

也出现了不使用比特币区块链的去中心化市场。在该市场上使用的平台是 BitShares[20]。BitShares 基于以太坊建立。

BitShares 的机制稍显复杂。以下将对其进行说明。

（1）BTS 与 SmartCoin

BitShares 中包括几个资产。第一是 BTS（BitShares）。这是 BitShares 交易中使用的主流货币，类似于股票。在 BitShares 中进行交易时，必须使用 BTS。

第二是 SmartCoin（SmartCoin：一开始称为 BitAsset）。这是与各种金融资产价格同步变动的虚拟货币。比如，BitBTC 追随比特币的价格。也就是讲，BitBTC 与比特币几乎等值。同样的，BitUSD 追随美元的价格。BitGold 追随黄金价格。虽然比特币的价值在变动，但这可以通过购买 SmartCoin 进行规避。

要说为什么要制造这些虚拟资产，是因为美元及黄金这样的现实货币及物品不能简单地通过 P2P 方式进行交易。

使用比特币（BTC）购买 BTS，就可以使用 BTC 来支付 BTS。

由于能够使用 SmartCoin 从一个钱包自由地汇款到另一个钱包，因此可以同其他虚拟货币一样同等使用。由于在 BitShares 中，钱包及交易所是一个平台，因此从资金管理、资金汇款及领取到交易只能在这一个平台内完成。SmartCoin 可以与其他用户进行交换，因此对购买的商品及服务进行结算时很方便。

（2）SmartCoin 的交易

SmartCoin 是怎样被创立的呢？以 BitBTC 为例，如下所述。

假设某人拿出一份卖空 BitBTC 的订单。由于卖空指的是卖出并未拥有的东西，因此假如从无生有来考虑的话，就很容易理解了。假如有人买了这个订单，BitBTC 就成为 BitShares 的世界中真实存在之物。

卖空 BitBTC 的人在某个时候再买回 BitBTC，由于要归还给交易所，因此需要结束其定位。既可以在交易所买 BitBTC，也可以从其他的站点买。卖空的人只要返还 BitBTC，BitBTC 就会失效。

购买 BitBTC 的人通过卖掉 BTS 支付 BitBTC 货款。也就是说，BitBTC 是由 BTS 来保证的。其他的 SmartCoin 与其同理。

持有 BitBTC 实物的人在销售该实物时，假如卖给想要买回 BitBTC 的其他人，BitBTC 就会失效。因此，SmartCoin 的供给量并不会无限制地增加。

卖空 SmartCoin 的人预测到 BTS 的价值将上升，SmartCoin 的价值将下降。相反，购买 SmartCoin 的人，认为 BTS 的价值将下降，SmartCoin 的价值将上升。假如将 BTS 转换为 BitUSD，即便 BTS 的价值下跌也不会有所损失，相反，即便 BTS 的价值上升，也不能收到好处。

然而，在卖空 BitBTC 时，必须将相当于想要卖空的全部 BitBTC 的 BitShares 作为担保存入交易所。而且，要买入的人由于在购买时要向交易对方支付相当于其想要购入的 100% 的 BTS，所以需要向交易所存入共计 200% 份的 BTS 作为担保。

成为担保的 BitShares 被保管在区块链上直到卖空完全结算完毕。

该担保作为卖空的人的损失变大时的保险进行保管。即便价格波动很大，由于存在两倍的担保资金，即便进行强制性结算，交易所一方也有支付能力。这样一来，Smart Coin 将通过 BTS 的价值进行担保。

美元变为比特币，比特币再变为 BTS，BTS 再变为 Smart Coin。所以，不可能会创造信用。

然而，作为使用个人区块链的平台，除了 BitShares 外，还有 Nxt 及 Stellar。

表 9-1　虚拟资产的总市值

| 名次 | 名称 | 平台 | 总市值(百万美元) |
|---|---|---|---|
| 1 | Augur | Ethereum | 39.9 |
| 2 | MaidSafeCoin | Omni | 32.0 |
| 3 | DigixDAO | Ethereum | 17.8 |
| 4 | Iconomi | Ethereum | 14.6 |
| 5 | Peerplays | Bitshares | 14.4 |
| 6 | Ardor | Nxt | 9.8 |
| 7 | Xaurum | Ethereum | 9.3 |
| 8 | Golem Network Tokens | Ethereum | 7.6 |
| 9 | Storjcoin X | Counterparty | 7.4 |
| 10 | Tether | Omni | 7.0 |
| 11 | Bitcrystals | Counterparty | 6.5 |
| 12 | Synereo | Omni | 6.2 |
| 13 | SingularDTV | Ethereum | 5.7 |
| 14 | Agoras Tokens | Omni | 5.3 |
| 15 | SuperNET | Nxt | 2.0 |
| 16 | Scotcoin | Counterparty | 1.6 |
| 17 | Yocoin | Ethereum | 1.6 |
| 18 | Round | Ethereum | 1.3 |
| 19 | NautilusCoin | Nxt | 1.0 |
| 20 | MMNXT | Nxt | 0.7 |

资料：Crypto-Currency Market Capitalizations

## 非集中型交易所 Openledger

BitShares 是交易平台，因此必定某个地方存在其提供方。

Openledger 就是使用 BitShares 作为交易平台[21]。这是丹麦的交易所 CCEDK 创建的去中心化交易所。

Openledger 中所有交易都记录在 BitShares 区块链。由于不存在特定主体进行管理和运营，因此可认为这是 DAO 的一种。

Openledger 主页上对其功能进行了以下说明。

·Openledger 中存在与现实货币价格同步变动的 SmartCoin，比特币可在瞬间变为 SmartCoin，也可以制定限价订单。SmartCoin 能够通过 PayPal 及银行转账直接变现。

·基于传统银行系统转账需要数日，而使用 Openledger 可在 1 秒内向全球转账。不存在中介，任何人都无法进行资产冻结、扣押及黑客攻击。

·支持主流借记卡支付的店铺，可在任何地方即刻使用 Openledger。

Openledger 上可进行与比特币、以太坊、美元等挂钩的 BitUSD 的交易。而且，也可以发行其专用代币 Obits。

现实世界中的支付如何呢？如果对方能接受比特币，就可以将其转换为比特币进行支付。假如不接受比特币支付，就转换为美元进行支付。

Onalytica 的 "Fintech2015：Top100 Influencers and Brands" 的 TOP 100 BRANGS 中，CCEDK 位居全球第 31 位[22]。在此排名中，NASDAQ 位于第 23 位，总资产 120 兆日元的瑞士最大的银行 UBS 位于第 36 位。去中心化市场已没有界限，并将成为金融市场上举足轻重的存在。

也存在与 Openledger 相类似的去中心化交易所，比如 Bit Shares 2.0 等。

关于去中心化型交易所与 Bit Shares，《虚拟货币革命》的第 5 章第 5 节"去中心化市场与自动化企业创建的未来社会"、补论"去中心化市场机制与自动化通信社"有所介绍。由于在当时还处于构想阶段，所以是作为一个梦想来介绍的。现在，这个构想已经开启，并成功筹措了巨额资金。所带来的变化也正以超乎想象的速度不断发展。

### Crowdsale 与 ICO（首次代币发行）

Crowd Funding 是互联网筹集资金的传统方式。具体是在互联网上公布项目，从对该项目感兴趣的不特定多数人中募集资金的方式。

与此相对，最近推行的 Crowdsale 指的是通过支付比特币购买代币（DAO 中使用服务必须支付的专用虚拟货币），来筹集开发资金。这也被称为 ICO（Initial Coin Offering：项目正式推出前预售虚拟货币）。

购买代币不仅是对项目的支持，也能够提前接触项目及获得特别权利。

在以往的资金筹措方式中，股份有限公司将股票分配给投资人。Crowdsale 用代币替代股票发行并分配。Crowd Funding 在大多数情况下需要支付高额手续费，而在 Crowdsale 中由于基于区块链，所以成本很低。

这之前推行的主要 Crowdsale 如表 9-2 所示。其中，除 Digix DAO 不能称为 ICO 外，其他都是 ICO。

表 9-2　主要的 Crowdsale

| 项目 | 领域 | 平台 | 筹集资金额（千美元） |
| --- | --- | --- | --- |
| The DAO | Blockchain | Ethereum | 160000 |
| Ethereum | Blockchain | Bitcoin, Independent | 18439 |
| ICONOMIFund Management Platform | Fintech | Ethereum | 10682 |
| First Blood Crowdsale | Software | Ethereum | 6267 |
| Lisk | Cryptocurrency | Bitcoin, Independent | 5700 |
| Digix DAO Crowdsale | Software | Ethereum | 5500 |
| Augur | Software | Independent, bitcoin, Ethereum | 5133 |
| Mastercoin | Cryptocurrency | Bitcoin, Independent | 5000 |

资料：基于 Wikipedia, List of highest funded crowdfunding project 制成

德国 Slock.it 公司去中心化投资基金 TheDAO 在 2016 年 5 月通过 Crowdsale 募集到相当于 160 亿日元的 ETH。就算包括 Crowd Funding 在内，这也是目前市场上的最高金额（只是，这之后由于黑客攻击发生了资金外流问题。后面将论述这个问题）。

以太坊在 2014 年 9 月预售其虚拟货币 ETH，并成功募集到约 19 亿日元（按当时价格计算）。但是，仅在一年多的时间里，ETH 的价格已经涨到最初预售时的 80 倍左右。现在总市值约 7 亿美元。

DigixDAO 筹集到 550 万美元（约 6 亿日元）。引人注目的是，开始发行后仅 12 小时就已经抢购一空。

Factom 向管理、记录数据的计算机支付其专用虚拟货币 Factoid 作为报酬。2015 年 4 月，Factom 在系统正式上线前发行了其代币 Factoid。当初目标定为 64.2 万美元，很快达成。之后再度提高筹款目标，成功筹集到 100 万美元。

Openledger 推出 ICOO（Initial Coin Offering Openleger）这一 ICO 升级版基金，每月推行 Crowd Funding 为新型 DAC 筹集资金。以往大部分的 ICO 都通过 Openledger 完成。

此外，Openledger 也发行专用代币 Obits，也对该代币推行 Crowdsale。Openledger 中也有利用手续费收入等购买 Obits 的 Buy-back。这类似于上市公司购买本公司股票。收购的代币全部进行注销（burn）[①]。因此，代币总额会减少。也就是说，Obits 价值会提高。如果该项目的用户数量增加，手续费收入也将增加，Buy-back 金额也会增加。

这对投资人来说，选择也会增多。《新闻周刊》将这一动向称为"资本民主化"[23]。

从集资方来看，也将开拓新的可能。以往并不是任何人都可以使用基于金融科技运作的 Crowd Funding 及社会借贷。因此，这就限定了能够筹集

---

① burn 指注销发行终止的资产。

资金的主体。利用以太坊平台，即便是普通企业也能够筹集资金。不仅如此，在某些情况下，小型企业及个人也能筹集资金。借用《新闻周刊》的话来讲，这是"资金筹集的民主化"。我认为这一方面很重要。

虽是我个人的构想，但我觉得也可以将其应用到反向抵押贷款和奖学金中。具体方法根据个人情况进行设计。而且，可以促进房产资源流动化。或者可用未来所得为担保进行贷款。这些虽在原理上可行，但受限于交易成本过高，以往并未实行过。基于这里论述的机制，让我们看到了在实际生活中实现上述操作的可能性。

### 从 IPO 到 ICO（首次代币发行）

今后，众多企业可能会将事业中适合自治运营的部分分离出去，交给 DAO 运营。创新型新技术的开发将可能作为 DAO 运营，并将通过 ICO 筹集开发资金。

以往，初创企业发展到一定规模后，会通过 IPO（Initial Public Offering：首次公开募股）筹集资金。未公开的、总市值超过 10 亿美元的企业被称为"独角兽"，这些企业也通过 IPO 募集资金。但是，IPO 手续费非常高。今后，不借助 IPO，通过 ICO 募集资金的情况将会增多。

ICO 的快速发展是由于受到上述以太坊币 ETH 价格在短期内升值的刺激。该情况在股票领域几乎不会发生。

这样一来，技术开发资金的筹集方式将发生天翻地覆的改变。目前的事件让我想起 2004 年，当时还是小公司的谷歌通过 IPO 筹资。之后，谷歌持股公司 Alphabet 总市值在美国位居第 2 位。与其类似的事件就要发生。

### 以太坊的硬分叉问题

如上所述，Slock.it 公司于 2016 年 5 月通过 TheDAO 项目发行代币，募集到相当于 160 亿日元的 ETH。但是，其脆弱的代码受到黑客攻击，从而导致约相当于 50 亿日元的 ETH 资金外流事件 [①][24、25]。

问题出在 TheDAO 代码中，不是以太坊。也就是说，虽然并未攻破以太坊系统，但以太坊也不得不应对该事件。TheDAO 不过是以太坊上众多项目中的一个，其影响却波及整个以太坊。以太坊共同体按照硬分叉方向进行协商，在 2016 年 7 月 20 日开始实行硬分叉 [②]。这将消除资产的不正当转移问题，被盗代币也将重新回到原持有人手中。进行 ETH 交易的交易所也可以重新开始交易业务。从这个意义上来看，问题得到了解决。

然而，以太坊运营团队中有意见认为"区块链的不可逆性极其重要，而且区块链能够不受任何利害关系影响保持中立，这些都应保持绝对不变。所以，硬分叉是与非集中式系统相左的理念"。发表该意见的人建立了以太坊经典。目前，以太坊（货币编码：ETH）与以太坊经典（货币编码：ETC）都能够进行交易。

这次事件为今后的以太坊提出了一个非常重要的问题。

---

① 必须注意 DAO 与 TheDAO 不同。正如本章开头的定义，DAO 指的是去中心化自治组织，是一般名词。出现问题的是 TheDAO，指的是 Slock.it 公司作为副项目启动的去中心化事业投资基金，是一个固有名词。

② "分叉"是分歧的意思。为解决不正当转账问题，将在多个子 DAO 内移动的 ETH 转移到一个用于返还的合约中。不是交还所有记录在以太坊区块链的交易，只交还与 TheDAO 项目相关的交易。

# 第 10 章　分布式自律组织将创造怎样的未来

区块链技术还能用于除金融外的其他领域，并拥有从根本上改变社会形态的潜在力量。

随着企业规模的不断变大，劳动形态的不断变化，社会能否应对？法律制度能否应对？各种措施能否应对？

## 1.DAO 将颠覆企业组织的根本

### 何处将实现自动化

第 9 章论述了 DAO 的具体用例。与其他组织形态相比，应如何定位 DAO ？

以太坊创始人 Vitalik Buterin 的概念整理将有助于解决这个问题[1]。表 10–1 是在 Buterin 的 "DAOs，DACs，Dasand More：AnIncomplete Terminology Guide" 这篇短文的图示础基上进行了若干修改得到的。

表 10-1　DAO 与其他组织关系的概念整理

|  | 存在劳动者 | 不存在劳动者 |
|---|---|---|
| 存在经营者 | 传统型股份有限公司 | 使用机器人的企业 |
| 不存在经营者 | DAO　　　　　DAC | 基于人工智能的完全自动公司 |

股份有限公司由经营者、劳动者、资本家以及交易对象 / 客户等构成。表中所示的所有组织，与现有企业一样，其中都将存在资本家、交易对象 / 客户（Buterin 将存在资本家表示为存在 "internalcapital"）。

表 10-1 根据有无经营者、劳动者进行分类（Buterin 则将存在经营者表示为 Humansatthecenter，不存在经营者表示为 Automationatthecenter。而且，将存在劳动者表示为 Humansattheedges，不存在劳动者表示为 Automationat-theedges）。

### 传统企业与使用机器人的企业

表 10-1 左上部分所示的是传统企业，既存在经营者，也存在劳动者。

使用机器人的企业如表 10-1 右上部分所示。这些企业中，虽然存在经营者，但是劳动者被自动移动的机器人替代。比如，全自动化工厂由机器人进行生产。

谈到"自动组织"或者"自律组织"，很多人会联想到表格中右上位置的企业。在这些企业中，传统蓝领劳动者进行的体力劳动被机器人替代。

然而，机器人所代替的不仅是体力劳动。在搜索引擎领域，被称为 "Crawler" 的机器人浏览全球网站，收集数据并制成大型数据文件。这也是机器人企业的例子。

### DAO 中虽存在劳动者但不存在经营者

DAO 位于表格的左下部分。也就是说，DAO 中存在劳动者。那么，这些和传统组织有何不同？不同之处就是不存在管理者（经营者）。使用机器人的企业，由人进行管理，所以正好与 DAO 相反。

即便今后 DAO 的使用范围扩大，也不是所有操作都由 DAO 完成，有可能只有一部分会交给 DAO 完成。特别是日常操作。而且，也可能从传统企业中诞生多个 DAO。在这种情况下，虽然基于 DAO 运行的业务中不存在管理者，但决定全部运营的"中心管理者"将可能继续存在。

然而，正如第 9 章第 1 节所述，DAC 是 DAO 的一部分。

虽然现在的银行及证券公司几乎都由人管理，但也会使用 ATM 等机器人。

可以认为比特币就是 DAO。在这种情况下，劳动者将成为挖矿（维持区块链操作）人。

第 3 章论述的基于私有区块链的银行，由于存在经营者，因此，只能属于表 10-1 左上方的传统型股份有限公司。

金融业不仅会出现私有区块链，去中心化市场等各种各样的 DAO 也将登场。这将推进社会的去中心化进程。

表 10-1 的右下方是完全自律型组织。Buterin 认为这部分属于 SF 世界。

但是，出租车及租车领域也可能会出乎意料地提早实现完全自律。这就是第 9 章第 2 节最后所描述的世界。

## 2. 分布式组织背景下人的工作会怎样？

### "去中心现象"将推进

不能否认 DAO 中存在"破坏性"的一面。

以往只能由人完成的工作将逐渐被区块链取代，从而导致失业，因此可以说区块链兼具破坏性与革新性。

第 6 章第 3 节论述了区块链会取代现阶段在金融产业发挥中介作用的人。随着区块链的实际应用及 DAO 的登场，其他产业领域"去中心现象"也将不断推进。

信息产业中互联网的影响极其深远。比如，传统大众传媒都是记者进行采访然后对外报道的。但是进入互联网时代，任何在新闻现场的人都能直接传播现场信息。

商品从生产到销售的过程中，也发生了同样的情况。虽然机器人替代的是体力劳动，但 DAC 替代的是日常事务操作。

但是，DAO 的影响不仅限于上述方面。以下将就其影响进行论述。

### 能够专心致力于想做的工作

如前所述，去中心化分布式组织中存在劳动者。但是，这并不意味着劳动者仍将以传统形式存在，他们的工作方式将发生变化。特别是，区块链将取代单纯地从左到右传达信息这类信息中介的工作。所以，大多数简单劳动将成为整顿对象。DAO 体系中，人类将以更具创造性的工作为中心展开工作。

比如，"制作手工家具"等工作会继续存在。基于 DAO，该工作不仅能存续，其工作人员还能专心致志地完成工作。这是因为订购材料、寻找顾客并签订订单、收取货款、记账这一系列操作都可以由 DAO 完成。甚至制作网页进行宣传、在博客上进行详细说明都可以由 DAO 完成。在这个过程中，DAO 还可以与顾客及交易方进行洽谈。

个体经营的西餐厅也可以如此。点菜、结账付款、记账、税务申报等都由 DAO 完成。采购材料时商谈价格、在网页上刊登广告也都可以由 DAO 完成。然后，店长就可以专心地制作料理。以往经营者兼劳动者的店长，虽然能够专心地处理作为劳动者的工作，但从作为经营者的杂务中解放出来，将能够更真切地感受到劳动的喜悦吧。

上述内容正好与机器人自动化方向相反。制作家具、制作料理的工作大概也能够被机器人代替吧。这就是表 10-1 中右上位置的企业。

这一方向大概会不断推进。另一方面，机器人无法制作家具 / 料理的这一方向也应该会不断发展。尽管如此，朝着该方向发展的企业也应该存在自动化业务。比如上述日常工作业务将被区块链取代（其中，也包括遵从一定规则和对方交涉的工作）。

简单来说，体力劳动将交给机器人，管理性、事务性工作将交给区块链。从这个意义上也可以认为，"DAO 中留下的人类劳动最具人性化"。

将来人类从事的工作就是类似上述内容的工作。事实上，这样的趋势已在有效求人倍率（有效职位数量与有效求职人数之比）的统计中有所体现。服务业中面对人的工作需求量大，而面向事务的工作需求很少（然而，这一现象的出现并不是因为 DAO，是传统 IT 应用不断发展的结果）。

### 通过 DAO 进行护理

考虑日本未来时特别重要的一点是 DAO 在护理服务中的应用。

目前护理人员工作中存在能被护理机器人替代的工作。这一点确实很重要。比如，与由人协助病人入浴相比，机器人的协助更会让病人感觉舒适。我认为其他很多地方也可以导入机器人。然而，一定会存在一些只能由人来完成的工作。比如，陪病人聊天等。

就上述内容，大家已达成广泛共识。但大家未必意识到也存在能够由区块链替代的工作。

比如，根据病人的既往病例实施恰当处理、准备药物等。这些医疗服务领域中的区块链尝试已经在进行。此外，也存在许多事务性工作。比如收付费、申请护理保险等将有可能由 DAO 来代办。

其他的管理性工作也可以通过 DAO 来完成。这样一来，人类就能专注于只能由人来进行的护理服务（然而，也可以通过 DAO 来评估工作）。

目前人们对护理行业中节省人力资源的必要性已有所认识。然而，以往大多是从削减成本的角度来考虑节省人力资源。但是，通过 DAO 不仅能够削减成本，也可作为应对未来劳动力不足的手段，因此具有重大意义。

拙著《2040 年的问题》曾指出，日本在不久的将来要面对严重的劳动力不足问题。按照当前趋势发展下去，2010 年的约 6000 万劳动人口到 2050 年将减少为 5000 万左右 [2]。由于其他领域对医疗、护理的需求增大，将导致全部劳动人口中的约 1/4 将被雇佣到医疗护理领域的异常状态。

虽有必要通过接收外国移民解决这一问题，但日本却很难踏出这一步。所以，医疗、护理领域节省人力资源就成为重要课题。一直以来，日本都认为确保雇佣是一个重要课题。相反地，未来劳动力不足将成为严重问题。

前面我们已经论述了区块链将可能剥夺雇佣机会的问题。虽然这一直被认为是不容乐观的问题，但未来经济将出现劳动力不足问题，因此很有必要从正面看待这个问题。

### 仰仗人做判断的组织未必好

针对 DAO 代替人进行判断，有意见认为"人的判断更重要"。但是，不论任何场合人都能胜过计算机吗？

实际上，与计算机相比，仅由人构成的组织中存在的问题更多。人从事的大部分工作，仅是充当将信息由右传递到左的中介而已，甚至很多情况下都无需判断。

一旦形成巨大组织，将无法再履行从右到左的中介职能。无法正确地把握现状将如何变化，各个政府部门在一盘散沙中各自独断。典型的例子就是东京都丰洲市场转移带来的填土问题。

大部分在大机构工作的人都是等待指示的人，不会自己积极地做出判断。即便判断，也只是按照指示进行判断。这些中的大部分判断都能被计算机取代。而且，计算机更能针对复杂状况做出复杂的应对。与计算机相比，可以说人类大多采取的是墨守成规的应对。

### 经营权和所有权分离问题的最终答案

DAO 与 DAC 中不存在经营者，这是企业形态根本性的变化。

我们试着将这一变化与经营权和所有权分离问题联系起来进行考虑。

近代以来，人类建立并发展了股份有限公司制度。但是，这种制度是否适应现代社会需要仍存在疑问。现代的股份有限公司最大的问题是经营权和所有权的分离问题。

随着股份有限公司的不断发展，就会发生经营与资本的分离问题。经营学者 Adolf A.Berle 与 Gardiner Coit Means 在 1992 年就已经指出"所有（资本）与经营分离"的问题。经营者不是为了股东运营企业，而是为了拥有众多员工的集团。经营者不是股东代理人，而是独立于股东的专家。J. K. Galbraith 将其称为"technocrat（技术专家）"[3]。

在日本，这种趋势更加明显。经营者认为自己是员工的领导人，并觉得企业就是自己的。

日本对"stakeholder（企业利益相关方）"这一词语的使用方式中明确表现出上述倾向。

东芝室町社长在 2015 年 9 月关于不正当会计问题的招待会上，称"对股东等企业利益相关方的各位表达发自内心的歉意"。听到这些，我打心底觉得吃惊。

这是因为股东并不是企业利益相关方。企业利益相关方是利害关系者，具体指的是顾客、客户、工作人员等。股东是公司的所有人，经营者由股东选任。尽管如此，将股东称为企业利益相关方，任何人都不会觉得不可思议。

重新查看这之前的社长招待会，可以发现每次都会用到"股东等企业利益相关方"这一表达。也就是说，这并不是偶然的口误。

这也不可勉强。实际上，日本围绕公司治理（corporate governance）展开的讨论中，"股东是企业利益相关方的一部分"这一表达已极为普遍，甚至写入了公司治理相关的专业书目中。

但是，这种认识是错误的。股东是公司的持有人。换言之，就是公司本身。并不是"相关人"。董事由股东选任，为股东而工作。

当然，该议论是形式论、书生论。我们不得不承认，在所有权和经营权相分离的现代大企业中，这是与实际情况相分离的杜撰。但是，方针与原则很重要。

从"股东就是企业利益相关方"这一认识来看，公司是通过支付工资来维持员工生活的共同体。尽可能由相关企业来持有股票，剩下的股票也可以卖给普通投资人。假如企业利润提高，会将其中一部分返还给股东。也就是说，可以认为公司就是员工与董事的所有物。正因为东芝经营者认为公司属于自己，才导致东芝不正当会计事件。

所以，经营者才会有"给相关人员添了麻烦"的认识，而不会意识到已背叛任命自己为经营者的股东的信任，败坏了股东的财产。据新闻称，东芝社长为了对不正当会计行为表示歉意走访了首相官邸。大概是想表达"惊扰了世人真的很抱歉"之意吧。但是，首相官邸甚至连企业利益相关方都谈不上。有做这种事情的时间，应该逐个拜访每一位股东，为违背其托付的信任道歉。

DAO 中存在资本家，但不存在经营者。所以，从根源上就不会发生经营权与所有权相分离的问题。经营者也不会认为公司属于自己而做出不正当行为。

从这个意义上来看，DAO 含有朝着原始资本主义时代的股份有限公司返祖的特性。

## 3. 能否适用法律制度

### 不存在申诉对象

PwC 报告《区块链与智能合约自动化：智能合约将怎样实现数字商务的自动化？》认为，基于以太坊等各种机制的不断进步，利用计算机就可履行合约的技术本身已不存在问题，现阶段，我们面前的真正障碍是自古就存在的以人为中心的法律程序[4]。

实际上，正如第 9 章所述，几乎无需仰仗人力的机构已经在运转中。此类机构能否适用现在的法律体系？

企业不存在管理者是过去的法律体系没能设想到的情况。假如此类企业发生问题，应向谁追究呢？

假如比特币系统发生问题（比如，某人持有的比特币在某日突然消失），这时应当起诉的是书写比特币协议的人？还是执行挖矿作业的计算机？还是购入比特币进行交易的人？我认为以上这些都不合适。而且，这些人分散在全球各地，很难找到。

那么，当我们断定"应该禁止此类责任主体不明确的企业"时，到底应该如何禁止？

由于不存在责任主体，因此，假如不能全面禁止使用互联网，就不可能关闭企业。

即便是无人驾驶汽车也存在类似问题。无人驾驶车发生事故时，应该起诉的对象是谁？是设计该汽车的人？制造该汽车的人？还是乘客？

虽然这的确是个难题，但是，无人驾驶车的情况中，应该存在该汽车的持有人。因此，不能免除这个人的责任。

问题是无人驾驶车租车服务由 DAO 来运营的情况。假设 DAO 通过 ICO 筹集资金，购入汽车进行运营。这种情况不存在事业主体。那么，谁应为事故承担责任？这是非常棘手的问题。

有人指出共享中存在难以区分供给者与消费者的问题。由于普通人（以往被认为是消费者）成为了供给者，因此与以往的法制体系就会出现不一致。

即便如此，由于存在事业主体，（如有必要，将修正以往的法律体系）所以未必不能应对。实际上，与 Uber 相关法律中，日本规定黑车禁止出行。但是，无人驾驶车基于 DAO 运行时将会如何？这种情况中既不存在驾驶员，也不存在负责运营的企业。

现有的法律体系由于没有考虑到 DAO 的存在，因此无法应对上述问题。传统公司基本机制的大前提是由人运营企业。但是，DAO 颠覆了这个前提。

而且，也存在以下问题。

第 9 章的最后我们论述了 TheDAO 的黑客事件。是否可以将这个黑客作为罪犯进行处罚？出资人的 ETH 丢失，出现实际损害时，将对谁追究哪些责任？TheDAO 事件中由于硬分叉，避免了资金外流。因此，并未产生实际损失，但将来也有可能发生硬分叉不能应对的事件。

OpenBazaar 提出了其他问题。在该市场中能够购入毒品及枪支等违禁品。尽管此类市场应该关闭，但如何关闭？仅仅惩罚购买商品及服务的人吗？

### 合法判断仍未形成

此外，存在以下问题。DAO 即便被认为可以改革社会、改善社会，现行法制也未必会认为其合法。

比如，现阶段，关于首次代币发行的合法性问题仍无定论。代币有可能会被认为是有价证券。这样一来，首次代币发行就会变成分配未公开的股票，也有可能被判定违法。因此，假如要进行投资，就必须自己承担责任。

预测市场中的事业是否完全合法也存在疑问。虽然普遍认为 Augur 协定本身并不违法，但并不表明参与 Augur 是合法的。现在还不知道最终将如何判定。日本也有可能出现类似问题。

而且，DAO 刚刚起步，无法保证投资的安全性。我自身也不曾投资包括比特币在内的新型金融资产。

本书中虽然通过各种资料对每个项目方案进行了确认，但实际上并不能保证会按照该方案实施。新型交易要构筑新未来，仍存在很多必须克服的困难。

但是，日本终究也不得不面对。实际上，不管是首次代币发行还是预测市场，由于互联网无国界，日本能很容易地参与其中。日本当局将如何应对这种事态呢？

而且，这些如何在税法上定位呢？基于 DAO 运营的企业，可以不用缴纳所得税及法人税吗？假如将矿工看作员工，他们的社会保障该如何呢？

### "我们好像已经不在堪萨斯州了"

"I've a feeling we're not in Kansas any more."（我们好像已经不在堪萨斯州了）

这是电影《绿野仙踪》中，主人公多萝西被龙卷风卷入到玛奇国时，对爱犬托托说的话。玛奇国与多萝西的故乡堪萨斯州完全不同，是一个奇妙的世界（顺便说一下，"堪萨斯"在美国是"偏远的农村"的代名词）。

假如窥视本书中所述的 DAO 世界，我们也会想要表达与多萝西相同的话。

但是，DAO 与玛奇国存在重要区别。在玛奇国中，所有事情都通过玛奇国的方式进行处理。从这个意义上来说，存在一贯性与统一性。由于多萝西是外人，因此会感觉不知所措。

然而，区块链所带来的影响与此不同。在现实世界的正中央，出现的是传统法律常识、传统工作方式、传统构想都无法实现的完全异质的世界。比喻来说，玛奇国就像是被龙卷风吹起，然后降落在了我们这个世界的某个地方。所以，DAO 与现实世界间会出现很多分歧。

现阶段，降落下来的玛奇国还很小。换句话讲，区块链技术所应用的领域还很有限。不管是虚拟货币还是 DAO，现在只占据整个经济的极小比重。所以，这种分歧还不是很明显。

但是，今后其规模与比重有可能急速变大。虽然还不能正确预测再过多久将会发生何种程度的变革，但现在可以肯定的是，巨大的变革正在开启。而且，变化速度极快。社会可能将在短时间内发生翻天覆地的变化。

实际上，就在两年前撰写《虚拟货币革命》时，我认为 DAO 将在大约 10 年后出现。但是，正如第 9 章所述，DAO 已经登场。而且，DAO 已经成功筹集到巨额资金。DAO 已不再是虚拟世界之物。

法律制度的应对是当务之急。

# 终章　我们能够重塑怎样的社会

我们能够通过区块链技术的实际应用构建怎样的社会呢？

首先，金融世界将更加效率化，成本将降低。然而，我们所期待的并不仅限于此。社会的基本机制将发生变化。企业形态将发生变化，工作方式将发生变化，劳动成果的评价机制也将发生变化。

我们仅因为组织机构庞大这一理由就能从行使支配权的世界中摆脱出来。作为替代，我们将构建如下社会，人们将不再依赖组织机构，并站在与其对等的立场直接交换信息、进行交易。

## 1. IT 能否实现社会扁平化

### 为何存在组织及阶层构造

诺贝尔经济学奖获得者 Ronald Harry Coase 曾考虑为何有必要存在企业组织这一问题[1]。不直接交易而是建立组织，是因为交易会产生成本。因为人与人间的互相协作需要成本。但是，假如不通过市场，在企业内部进行交易，就能够减少该成本。所以，有必要存在企业这样的组织。

从原理上来考虑，每个个体相互独立，彼此通过市场与其他个人进行直接交易也是可行的。然而，这种情况中会产生各种费用。因为需要寻找交易对手、交涉交易条件、确认财物及服务品质。而且，还需要强制对方履行合约、协调纠纷。这些都会产生成本，该成本被称为"交易成本"。

然而在某企业内部（或者企业系统等固定交易对手间）进行交易则可以节约交易成本。所以，并不是所有交易都要通过市场才能进行，某种交易可以在企业内部进行。

伴随着经济的发展，企业组织规模扩大，各种功能也被集中到中央。这样一来，信息交换与交涉将不再需要花费高额成本，还能够提高效率。

产业革命以来，制造业中，设计、零部件制造、组装、销售的一系列业务统归到一个企业，统一控制生产流程的趋势不断发展。这被称为"垂直一体化"。实现垂直一体化，不仅能降低交易成本，也能确保稳定的原材料及零部件供应，保证高品质的商品。而且，通过规模化经营，企业能独占市场或形成寡头垄断，从而获得高利润。

卡内基制铁公司率先推行垂直一体化。不仅是制铁工厂，铁矿石矿山、采矿场所、运送铁矿石及煤炭的铁路都被纳入同一个企业中。

石油公司也在推行垂直一体化。从勘探油田开始，到挖掘、采油、原油的运输、提炼等都在大型企业中进行。而且，加油站也在石油公司的体系中。

通信公司 AT&T 也是推行高度垂直一体化的企业。作为基础研究所的贝尔研究所、制造部门西部电气、长途电话事业及地区电话事业都在一个企业中运行。其工作人员曾一时达到 100 万人。

20 世纪 20 年代的美国推行汽车公司的垂直一体化。不仅是零部件生产，轮胎及车窗玻璃的生产也被纳入企业。福特公司为生产轮胎所使用的橡胶，甚至经营过橡胶园。


**人们曾期待通过 IT 实现世界扁平化**

IT（信息技术）出现时，大多数人预料以往的巨大化方向将发生逆转，世界将趋于扁平化。这是由于信息处理成本降低，交易成本也会降低。通过IT，大型机构与小型机构、个人间的差距有望消失。

首先，PC（个人电脑）的登场。以往只有大机构才能使用的计算机，现在个人也可以拥有。从计算能力来看，个人与大机构处于同一个水平线上。

其次，互联网的出现。以往能够使用数据线路的仅限大型企业，因此国际电话费用非常高。但是，现在我们已经可以使用互联网这一廉价的通信手段。

新闻工作者 Thomas L. Friedman 在《世界是平的》一书中[2]，讲述了世界因为 IT 而变得扁平。IT 的发展赋予印度、中国全球竞争力。以往在美国进行的工作在印度也能够完成，印度与美国的收入差距缩小。他指出通过知识共享、想法共享，能够促成创新。

指挥与控制的时代终结，现在通过相互协调才能推进工作。在组织中，地位低的人能完成重要的工作，同时，地位高的人也能处理小事。这样一来，机构不断向巨大化发展的趋势将会逆转。

Daniel H. Pink 在《自由职业国家：为自己工作的未来》（*Free Agent Nation：The Future of Working for Yourself*）中，讲述了从组织中独立出来使用互联网在家工作，仅依赖自己的智慧构筑商业的人将不断增多[3]。

大部分美国人将放弃受雇于企业的形式，在自己家里创办新型事业，以无固定单位、人才派遣公司的派遣员工等方式展开工作。总之，不仅是"从大型企业到小企业"，"从组织到个人"的过渡也将开启。

Pink 认为这是"产业革命后，人们逐渐离开农场去工厂工作以来的根本性变革"，美国社会称这是"逐渐返回到产业革命以前的社会，即肉店、面包店、烛台匠人的时代"。

在第 6 章第 2 节论述了"亚当·斯密的世界"。不管是 Friedman 还是 Pink 都认为亚当·斯密的世界将会实现。

### 主角更迭，新胜出者将支配市场

的确，基于 IT 无需中间人就能直接传达信息，推进了信息领域的扁平化。但世界真的可以实现扁平化吗？

全球性水平分工确实进步了。但是，美国与印度之间依然存在收入差距。GM（通用汽车公司）等的老式组织在衰退也是事实。从大型计算机发展到 PC，即便是个人也能够使用计算机。但是，结果却形成了微软这一大型企业支配所有的世界。不管是用户还是计算机制造商都只能遵循微软制定的程序。

在微软不断发展壮大时，很多人为保留着小企业特征的苹果计算机（现在的苹果）鼓掌。但是，苹果发明了 iPhone 手机，一跃成为美国最具企业价值的公司。

街头小书店被大型网店亚马逊淘汰。谷歌、亚马逊、Facebook 之类的企业赚得巨额总市值。结果，企业间的差异并未消除。引领经济的主要企业确实发生了改变。但是，曾被看作促进世界扁平化的主角的企业，已经发展为大企业，成为支配市场的力量。

IT 革命初期，人们普遍认为 "fast eats slow"（速度快的吞并速度慢的）。相对于行动慢的大组织，小企业能够对变化迅速做出反应，理论上讲小企业将挤垮大企业。但是，从现阶段来看，支配经济的仍是大组织。

这就是以往的 IT 带来的影响。实际上就是建立了 GAFA（Google、Apple、Facebook、Amazon）的世界。虽然主角有所更迭，但依然是大组织。

小型企业并没有从 IT 中获得好处。既不能筹措资金，也不能获得巨额利润。因此，他们依然必须亲自处理会计等日常性工作。

### 组织内部阶层构造也并未改变

不仅如此，组织内部的阶层构造也依然健在。

自由职业的工作确实有所增多。基于 Crowdsell，专业人士能自由处理工作的机会也在增多。但是，从整体来看，仍然存在局限性。

有的企业也正在逐渐解禁副业。但是，传统大企业依然存在内部组织阶层，并继续实行 command and control（指挥与控制）。

而且，组织中收入差距也在不断扩大。特别是美国，CEO（首席执行官）等企业高层的收入极高。这被称为"第二次镀金时代"。

Chrystia Freeland《全球超级富豪》指出，以往美国这一全球最平等国家，从 19 世纪末到 20 世纪初，性质发生了巨大变化，出现了 John Davison Rockefeller、Cornelius Vanderbilt、Andrew Carnegie、Henry Ford 等大富豪[4]。这个时代被称为"第一次镀金时代"（"镀金时代，Gilded Age"是马克·吐温小说名称）。而且，现阶段被称为"第二次镀金时代"。

而且，享受高收入的金融机构高层的工作是否与其收入相符，仍是一个大疑问。疑问来源就是 2008 年发生的雷曼事件。正是由于高层领导无法把握金融机构的风险才引发了众多问题。

虽然 IT 投入应用已逾三十多年，但仍未发展到我们曾经构想的水平。从这个意义上来看，IT 革命背叛了我们。


## 2. 依靠扁平化可实现去信任化社会


### 为什么没有实现扁平化

世界为什么没有实现扁平化？为什么没有消除大组织、小组织及个人之间的差异？组织的阶层构造为什么没有消失？

究其原因，可以包括以下几点。第一，大组织能够大规模地拓展事业，因此能降低成本。而且，以店铺为例，大企业资金雄厚能够供应品种丰富的商品。亚马逊能够持有大量库存，因此显而易见地比小型书店更有利可图。

而且，随着企业规模扩大，网络效应发挥作用。尽管提供相同的商品与服务，随着用户量增加，商品与服务的价值就会提高。在电话领域这一效应很明显。该效应不是随着规模扩大有比例地增长，而是规模达到一定水平后将急剧增长。所以会发生"赢家通吃"（Winner takes all）的现象。

最近，由于推行诱导人们消费的"recommendation（推荐）"，大组织的优越性也进一步提升。进入大数据及人工智能时代，这种趋势可能会加速发展。只有 Apple、Google、Facebook 等全球极少数企业有能力收集大数据。这些企业将运用大数据，进一步发展"recommendation（推荐）"，开拓新需求，占据更有利位置。在人工智能及大数据时代，超级大型组织可能会支配世界。

### 由于欠缺关键要素

上述几点很重要。但是，未能实现曾经的预想，其本质原因是以往的互联网缺少某些关键要素。

这就是本书序章开始部分论述的内容。也就是说，互联网世界不能简便快捷地传递经济价值。所以，从转账成本这点来看，大企业拥有压倒性优势。而且，互联网世界无法完成真实性证明。因此，只有大组织才能获得信赖。

但是，目前我们正在尝试通过区块链获得那些欠缺要素。

不管是小型企业还是个人，只要在以太坊等平台上提供智能合约，就能够筹措资金、创办企业。今后，通过以太坊这个平台，各种新构想将成为现实。这样一来，各种社会主体，无需通过第三方就能直接交易。

与信息相同，基于区块链还能不借助第三方直接传递经济价值。因为直接连接需求者与供给者，所以不会出现由于组织规模大小引发的不公平现象。

在只是一味地服从政府及大组织所定规则的世界中，企业不求进步，只想勉强存续下去。从这样的世界脱离出来已成为可能。

IT 革命将通过区块链来完成。

### 可能会成立去命令系统的扁平组织

拥有阶层构造的大部分大组织将被淘汰，组织将实现扁平化。

正如第 9 章第 2 节的 Colony，假如基于区块链的 Crowd sourcing（众包）能广泛应用，人们将会更灵活、更自由地进行工作。

人们能从下述组织中解脱，即否定个人创造性、只注重协调性的组织以及由于不受偶然成为上司的人器重而陷入不幸的组织。有才能的人，能够根据自己的才能去追求无限可能。而且，也能够自由地选择符合自己情况的合约。

当然，并不是所有组织的阶层构造都将消失。这是因为智能合约并不能取代目前企业的全部。但是，由于大部分都是日常性工作，为处理这些工作需要花费巨大劳力。区块链将取代这些工作，这是极其重要的重大变化。

而且，即便是小型企业也能够建立信任。由于不存在管理者，管理者与普通员工间的收入差距也就不会出现。虽还不明确是否会完全实现扁平化，但根据员工对工作成果的贡献程度仍将会出现收入差距。

### 大企业就值得信赖吗

正如以上所述，大多数人一直认为"只要是大企业就能够信赖"。这是基于以下观点，即"大企业无法逃匿，一旦发生问题将会波及整个企业，所以大企业应该不会有违法行为"。

与此相反，新出现的小型企业一直被认为"来历不明"。因此，即便小型企业成功开发出新技术新服务也不一定能获得长足发展。

本章第 1 节叙述了互联网世界无法实现扁平化的重要原因就是小企业及小本企业无法获得信任。

但是，人们逐渐意识到即便是大企业也不一定值得信赖。单看最近发生的事件，旭化成建材公司伪造打桩施工数据、三菱汽车油耗造假、东芝的不当会计问题等大企业丑闻接连发生。

不仅是私有企业。2016 年爆出东京都在筑地市场向丰洲市场迁址过程中在处理土地污染时存在不作为问题。

正因为是大企业所以信息很不畅通，一般人无法知道到底在哪里发生了什么。而且，尚未建立公司治理制度。所以，大企业神话将逐渐破灭。

**区块链世界无需信赖组织**

区块链世界中没有必要信赖人和组织。这是因为区块链中记入的是无法篡改的数据。而且，通过数千台计算机运行维护数据。这才是真正值得信任的数据。这就是序章及第 1 章论述的区块链的重要功能。

并非由于对方是大企业就值得信赖。基于区块链机制能保证数据真实性，因此才值得信赖。

第 7 章第 3 节及第 9 章第 2 节论述了新加坡企业发行以黄金为背书的资产。按照以往社会常识，一般"无法信任初创企业等"。但是，因为是通过 proof of assets 机制保障以黄金背书的资产，所以即便无法信任企业，也能够信任资产。

这样一来，将有可能构筑 trustless 社会（无需信赖组织的社会）。

**大型企业支配的私有区块链世界也有可能出现**

但是，我们未必能发挥新技术的潜力。阻碍潜力发挥的是僵化的组织、制度等，或者是人们的思考方式本身。

现阶段的法律制度能适应基于区块链技术构建的社会吗？

伴随模式的转变，往往会出现胜者和败者。败者的出现不可避免。我们能够充分考虑到肯定会有害怕失败而阻止变化发生的举动。而且，就算区块链得以广泛应用，也不能解决当前社会面临的所有问题。使用不当的话，反而会导致南辕北辙。

正如第 1 章所述，区块链的要点在于不存在管理者及公开性。从本质上来说，区块链就是要实现自由的社会。可以认为比特币的出现也就是自由主义王国的出现。

私有区块链已登场。这是存在管理者的非公开机制，在构想上与原来的区块链完全相反。它以大银行为代表，是大型组织提高效率、提升大组织支配力的工具。不管使用哪种区块链都将对社会模式产生巨大影响。

银行等大企业导入私有区块链意在削减成本，但社会也有可能会朝着与上述完全相反的方向发展。

即便在这种情况下，削减成本获得利润的一部分也可能会还原给消费者。但是，大部分将用于大企业进一步发展。因此，大企业的支配能力将比以往更强。

就货币来说，发展的极限是中央银行建立自己的私有区块链发行虚拟货币，代替传统货币。中央银行将确立货币的完全支配权。如此，乔治·奥威尔描绘的"老大哥世界"将会实现。


**竞争将推进去中心化分布式进程**

当然，这些未必会以纯粹形式出现，也可考虑二者并存的情况。

然而，我是乐观主义者。这是因为我相信开放性机制更能推进技术革新，分布式、分权化的事物更能推进技术革新，更有可能处于优势。

一般来说，越是很多人参与，技术就越会得到强化。总之，竞争能够推动进步。所以，越是不存在管理者的区块链，越会有各种人参与，也就越能促进技术进步。

第3章第2节论述私有区块链就是"浮士德与恶魔的合约"，这是因为私有区块链牺牲民主主义、公开性、社会扁平化等，就只是为了追求成本的削减。

但是，需要注意的是歌德的浮士德故事中，最终靡菲斯特失败了。

而且，即便能阻止变革，互联网世界也无法阻止来自国外的新兴事物。

勉强拦截就会越来越落后于国际竞争。

所以，即便货币系统方面仍然保留集中化模式，DAO 也有可能在其他方面获得发展。真心期待这样的社会早日到来。

### 3. 法庭和政治能重回个人手中吗？

#### 裁判民营化

我们不仅希望变革商业组织，也希望变革政治、行政及司法制度。

不断有评论指出现有制度功能不健全。国家规模过大，民主主义理念形式化。作为权力拥有者的单个个体，其权利相对比重过小，无法对国家政策施加影响。与现代社会节奏相比，裁判过于滞后，不能成为解决现实纷争的有效途径。

各种制度与其理念存在分歧。但是，仅宣扬抽象的原则，并不能对现实有任何改变，必须有具体解决方案。

区块链技术在上述（乍一看有些意外）领域中也将发挥重要作用。

这里，我想介绍两个使用区块链的案例。虽目前二者仍处于概念阶段，但已表明区块链不是只能够应用于商业领域，这颇有意思。

大组织无法自控的事件接连不断。本章第 2 部分最后论述的企业丑闻就是典型案例。大组织变得过大，就会无法控制自己。这就是过于巨大化的"恐龙"问题。

虽然人们试图通过公司外部董事处理这些问题，但进展并不顺利。这是因为无法从外部观察到组织内部的很多事情，因此外部董事很难掌握问题所在。多数情况下，只有内部告密者才清楚大组织的问题。

但是，很难进行内部告发。一旦内部告发的事情暴露，告发者可能会遭遇解雇、调职等处理。

为保护内部告发者，需要施行《公共利益告密者保护法》。但是，这项法律存在"公益告密"对象受限（限定为刑法、食品卫生法等 7 项法律规定的犯罪行为等）、保护内容不明确等问题。东芝虽然也在 2000 年 1 月开始推行内部告密制度《风险商谈热线》，但是效果并不理想。

而且，也存在内部告发被权力斗争所利用或捏造事实、恶意告发的情况。

控制大型企业的关键在于利用最新信息技术，这也适用于裁判。Crowd Jury 就是该提案之一[5]。

Crowd Jury 将 Crowd sourcing（众包）的手法与区块链结合在一起①。人们将发现的不法行为告诉 Crowd Jury。

Crowd Jury 会公开这些内容，并收集各种证据、证词，对证据进行加密处理后保存在区块链。这样就无法变更、无法破坏。由公开招募的专家审查这些记录是否真实可用。这个过程采用了众包的手法。

由公开招募的审判人员在线作出判决。然而，将通过随机方式决定审查哪个案件。因此，即便候选裁判者意图对特定案件施加影响，也无能为力。而且，裁判者数量要尽可能多，这样就能避免收买行为。

最初的报告人、证据及证词提供人、事实验证人、裁判者通过比特币获得报酬。所有证据、证词都记录在区块链。

裁判民营化这一构想可能会被认为是天方夜谭。但是，追溯历史就会发现之前存在同样的制度。

古希腊有项制度叫 kleroterion，根据该制度人们从市民中选择代表，代表通过集体决议作出各项决定。通过将记有姓名的金属片插入石缝选定代表（目前这块石头仍在）。

此外，中世纪的意大利实行 Lexmercatoria（merchantlaw 之意）制度。

---

①　企业一直以来都在实行 outsourcing（外包）。这是将一部分业务外包给外部专家的方式。由于互联网的普及，开始将业务外包给公司外的不特定多数人。也就是说，以往企业内部员工的工作将以公开招募形式外包给存在不特定及人数众多的网络。通过网络自发报名。这被称为"Crowdsourcing（众包）"或"在线去中心化解决问题模式"。

这是在地中海进行贸易往来的商人为裁判商务纷争制定的私人司法制度，通过商人组成的法庭实施。

虽然也能经国家及地方政府实施该裁判，但商务问题需要做出迅速的判断（有时必须在数小时内解决）。而官方裁判制度，无法满足这些要求。

因此，需要由商人进行裁判。从裁判者中选择精通商务的专家。审理时间限定在两三天内，并禁止书面主义。国家不能干预裁判过程。所累积判决编入法典，作为商人的不成文法。这项制度带来了地中海贸易的繁荣。现阶段由国家独占司法的行为绝非必然。

在恐龙般的巨大组织无法实现自控的时代，可以认为 Crowd Jury 就是 kleroterion 或 Lexmercatoria。

该提案白皮书中有以下说明。Jeremy Bentham（1748—1832 年）与 James Madison（1751—1836 年。美国第四任总统，被誉为"美国宪法之父"）认为美利坚合众国的制度中有三点至关重要，分别是邮政制度、新闻自由、法庭制度。其中邮政制度和新闻受信息革命影响发生了很大变化。法庭制度未改变。

## 通过预测市场改革行政决定流程

也有人认为可以使用预测市场来改革行政决定流程。这就是经济学家 Robin Hanson 倡导的 futarchy [6、7]。

一般来说，政策决定分为以下两个要点。第一，选定评价政策的基准。比如，是重视分配还是重视效率。第二，选定某一政策后，对基准将如何变化进行预测。

第一是主观价值判断问题，第二是客观技术性问题。目前的政治流程并没有对二者进行区分。但是，后者最好能介入专家预测。所以，futarchy 的构想是分离基准选定与将来预测。

我想以英国脱欧问题为例，对 futarchy 机制进行说明。现实中，"是否脱欧"通过国民投票决定。与此相对，futarchy 通过以下方式展开。首先，通过投票选择脱欧问题的评价标准。暂且将标准定为"10 年后英国的 GDP"。

其次，开设两个预测市场。在第一个市场中，预测英国脱欧后的 GDP 将变为多少。在第二个市场中，预测不脱欧情况下，GDP 将变为多少。然后，选择 GDP 预测值较高的政策。

比如，假定预测英国脱欧后的 GDP 是 2.5 兆英镑，继续留在欧盟的 GDP 是 2.0 兆英镑。由于脱欧一方的评价标准较高，所以会选择"脱离欧盟"政策。

失败方市场（这里指的是继续留在欧盟的 GDP 预测）将被取消。获胜方市场（这里指的是脱欧后的 GDP 预测）会面临结算（由于预测市场是零和市场，因此经常会有结算）。

从以下论述来看，该方法比以往少数服从多数的方式更加优越。

可以解决投票人的不关心（voterapathy）问题。现代社会国政选举等投票人数众多。因此，每个人的投票只是整体中的极小部分，考虑到即便投票也不会对结果产生很大影响，所以弃权的人逐渐增多。

与此相对，在 futarchy 中预测正确就能获得报酬，错误就会蒙受损失，所以投票人会认真地参与投票。而且，拥有众多信息的人，会通过下大赌注对预测施加影响。这样一来，专家的真知灼见就能够显现出来。

当然也存在反对 futarchy 的声音。其中，能够运作大量资金的个人及组织会对自己期望的发展方向下大赌注，从而对预测结果施加影响。

但是，针对该论点也存在反对意见。假如最后的预测与多数人认为的"正确"相反，会产生从正确预测中获得巨大利益的机会。所以，最后正确的预测将胜出。

futarchy 能否顺利实现，目前仍无定论。而且，现在仍处于构想阶段。但这是极其有意思的构想。日本也可以考虑将 futarchy 用于解决核电站的废炉问题。

### 基于区块链的电子投票

毋庸置疑，选举是构成民主主义制度的重要基本要素。但是，举行选举需要巨额成本。这是因为，分发选票、投票、开票、统计投票等操作全部通过纸与人力完成。

既然信息技术已如此发达，我们就可以考虑实施在线电子投票。由于以往很难在线进行本人确认以及篡改数据等问题，没能实现电子化投票。但是，区块链的登场，在原理上提供了解决这些问题的可能性。

因此，有人提出几个基于区块链进行在线投票的方案。这些基本上按照下列方式操作。

选举管理委员会给每个选民的钱包发送一个币。选民给打算选举的候选人钱包发送此币。最后，获得最多币的获选人当选。

与虚拟货币相同，区块链会记录这一过程。所以，不仅无法篡改记录，还可以高效、低成本地实现选举。

Follow My Vote 是提案之一[8]。据说该方案具有以下功能。

投票人能够确认自己的票是否投给了候选人。目前的投票机制中，无法确认投票箱中投票将发生的事情，只能信任选举管理委员会。虽然可能不会发生有目的的违规行为，但仍可能会发生算错等失误。

投票后发生的各种违规行为，在某些国家甚至可以说是正常现象。Follow My Vote 的主页上引用了苏联前领导人约瑟夫·斯大林的话。

"投票的人什么都决定不了。一切由统计选票的人决定。"

使用区块链进行投票，就不会发生此类事情。

Follow My Vote 系统最有意思的是选民可以在选举过程中观看选票统计，还可以重新投票。据提议者称，该系统具有动摇美国两党制的巨大潜力。

两党制下很难扶植第三势力。这是因为，即便投票给第三势力的候选人，也很有可能成为死票。因此，尽管选民认为这并非最佳选择，也会将票投给两党制候选人。

但是，假如能观看投票流程，就能投票给第三势力候选人。这是因为，假如支持第三势力的选民能在投票早期阶段投票，认为有当选希望的其他选民就会跟随。Follow My Vote 这个名字表达出对这种效应的期待。

我认为日本也存在相同问题。虽然存在真正想要投的候选人，却因为死票的可能性很大，从而投票给当选可能性高的"相对不太坏的候选人"。每次选举都不得不重复此类投票，觉得投票无意义的选民应该不在少数。导入 Follow My Vote 机制将有可能改变这种状态。

落后于信息技术步伐的不只是金融。本章论述的企业机制、政治及司法机制改革在某种意义上比金融业改革更重要。

## 补论 A　虚拟货币和电子货币法律上的定义

**资金结算法中的虚拟货币**

正如第 2 章第 3 节所述，2016 年对"关于资金决算的法律"（资金决算法）做了以下修正。

第二条第四款的后边增加了第五款。

5.本法所称"虚拟货币"指的是以下内容。

一、虚拟货币可在购买或租借物品及接受服务时用于向不特定对象支付对价，是可向不特定对象买卖的财产性价值（仅指通过电子器械或其他电子方法记录的货币，不包括本国货币、外国货币等货币性资产。下同）。可通过电子信息处理机构进行转移。

二、虚拟货币是以非特定对象为交易对手、能与上款所述内容相互交换的财产性价值，也可以通过电子信息处理机构进行转移。

6.本法所称"货币性资产"指以本国货币或外国货币表示，用于偿还债务、退款及其他同类业务（以下统称为"清偿债务等"）的财产。在这种情况中，用来清偿债务的货币财产被看作货币性资产。

（条款 7 及以下略）

**电子货币与银行发行的虚拟货币的差异**

电子货币不属于虚拟货币，因为电子货币是货币性资产，根据上述第五条第一款的规定，电子货币被排除在虚拟货币之外。（此外，根据下文中将提到的"不特定的多数人"的定义判断，电子货币也被排除在外）。

正如第 3 章所述，银行计划发行自己的虚拟货币。这符合资金决算法中虚拟货币的定义吗？

据报道称，这是电子货币，不能看作虚拟货币。

其依据推测如下。

第一，上述第五条第一款规定，虚拟货币是"可用于与不特定对象进行买入、卖出交易的财产性价值，可以通过电子信息处理机构进行转移。"但是，由于银行的虚拟货币流通范围有限，所以不是虚拟货币。

第二，将银行发行的虚拟货币看作货币性资产的话，则根据第五条第一款的规定，它被排除在虚拟货币之外。

由于尚不清楚银行虚拟货币的具体内容，因此现阶段还不能明确断言上述解释是否成立。但是，下列内容是可以肯定的。

第一，关于"可以在不特定对象间持续流通吗？"

Suica 等电子货币，一经使用就会回到发行者手中，不能持续流通。与此相对，比特币能够持续流通。从这一点来看，银行发行的虚拟货币不是 Suica 型货币，是比特币型货币。

问题在于如何解释"不特定的多数人"。严格地说，即便是比特币也无法转账给任何人，只能转账给拥有比特币钱包的人。这点上讲，比特币有别于纸币，后者可以被用于支付给任何人。尽管如此，比特币一直被认为是虚拟货币。

假如银行发行的虚拟货币只能转账给拥有该银行钱包的人，其流通范围确实是受到限定的。但是，这与比特币的情况相同。所以，将比特币看成虚拟货币，不将银行发行的虚拟货币看成虚拟货币的理论无法成立。

### 日元纸币、电子货币、虚拟货币的区别

上述内容如图 A–1 所示。图中阴影部分是电子支付手段。

图中的直线①④指的是流通性上的区别。①④的左边可以持续流通，右边不可以持续流通。

大部分的电子货币，一经使用就会被回收，无法持续流通。所以，位于直线①④的右边。

不管是比特币型虚拟货币，还是银行发行的虚拟货币，可以将收到的金额再次用于其他支付中。从这点来看，虚拟货币是与纸币性质相同的货币。所以，位于直线①④的左边。

问题在于能否"不特定"。用③来界定三者在资金流通法中的区别。所以，直线③⑤以上部分（从直线①⑤到直线③⑤的范围）被认为"能够在不特定的多数对象中流通"。以此来区别比特币型虚拟货币与银行发行的虚拟货币。而且，由于银行发行的虚拟货币不符合该意义上的虚拟货币概念，因此不属于资金结算法适用对象。

但是，严格来说，我认为上述中是否是非特定的区别应该通过②来判定。基于该判定，比特币型虚拟货币也不符合该意义上的虚拟货币概念，所以也不属于资金结算法适用对象。

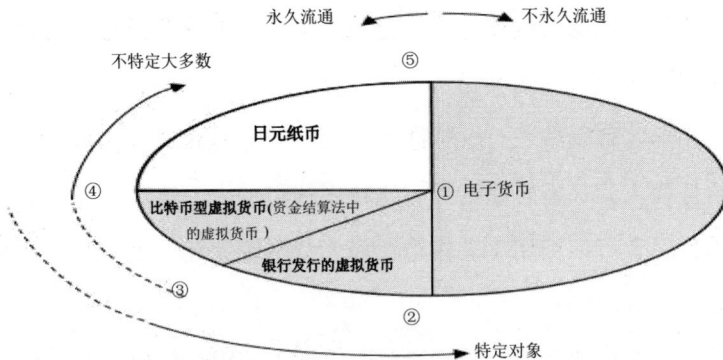

图 A–1  日元纸币、电子货币、虚拟货币

### 通过以货币支付进行区别是否有意义

第二，是否是以货币支付的资产。

相对于美元或日元，比特币的价值的确在变动。但是，普通虚拟货币中也存在相对于现实货币价值固定的虚拟货币。

例如，第 9 章第 3 节介绍的 BitShares 中 SmartCoin 之一的 BitUSD（价值一般是 1 美元）等。

而且，虚拟货币 NuBits 一般被设定为 1NBT（NuBits）=1 美元。

此外，通过第 2 章第 2 节的 Circle，比特币可以简单地转换为美元。

以上这些能否可被称为"以货币支付的资产"，仍存在探讨余地。但是，姑且不论形式，由于其相对于货币价值固定，所以与"以货币支付的资产"在本质上不存在任何差别。

假如不断发展虚拟货币相关技术、不断完善相关服务，修改后的资金决算法中的概念区别将会失去意义。目前被认定的区别不久后将不得不重新界定。

## 补论 B　当今结算系统概要

商业交易中自然要让渡商品与服务，但同时，也有等价支付的义务（债务）及收取货款的权利（债权）。这些债权、债务中有关钱款的部分，通过实际收付钱款取消债权及债务的行为称为"结算"。下面从国内的资金结算、与海外的结算、证券交易结算这三个方面来综观当今日本的结算系统[1、2、3]。

下列 1、2 的说明来自全国银行协会（全银协）的《结算系统等的策划及运营》等。

### 1. 国内的资金结算（国内转账）

国内的资金结算如图 B-1 所示。通过个人线路，资金从各个银行输送到"全银网"（全国银行资金结算网络）。1 亿日元以上的巨额资金输送到"日银网"，不满 1 亿日元的小额资金能即刻转送到受理银行（"日银网"指的是日本银行运营的活期存款结算）。

由于上述要经过各阶段的总账，因此转账需要花费 2~3 天。贷款的情况中，到结算这一步需要将近一个月。

### 2. 与海外的结算（国外转账）

与海外的结算如图 B-2 所示。

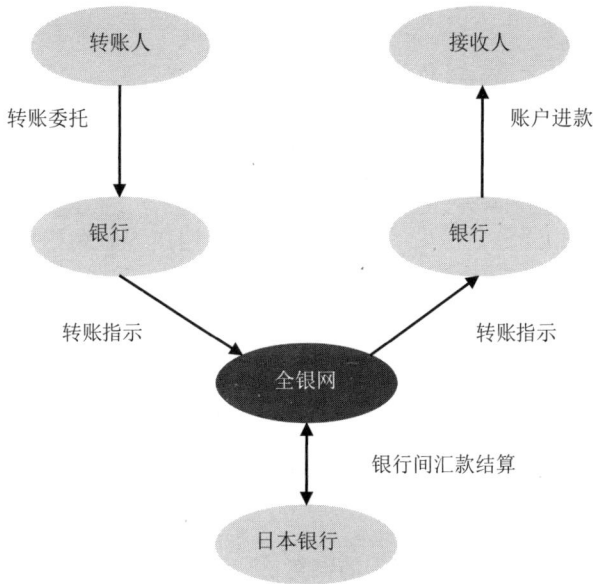

图 B-1 国内结算机制

资料：基于全国银行协会、"全国银行数据通信系统"制成

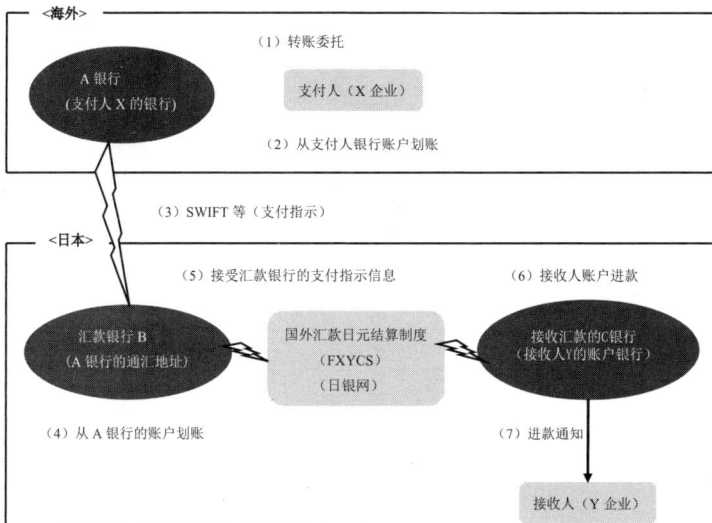

图 B-2 国际汇款结算交易流程及国际汇款日元结算制度

资料：全国银行协会、"国外汇款日元结算制度"

以往的海外转账由该国的代表性银行负责中转（通汇银行），大多数情况下需要经由多个银行才能完成。而且，中央银行会介入其中。因此，手续费很高并需要花费数日才能完成。

现阶段，能够使用被称为 SWIFT（环球同业银行金融电讯协会）的互联网完成转账。该协会是由约 3000 个金融机构作为股东构成的合作组织，世界上约 11000 个银行及证券公司、市场基础设施、事业法人都在使用 SWIFT。该协会每天约进行 1500 万次转账。通信电文被加密处理。

以往，虽然能够通过电传及电报进行通信，但使用 SWIFT 通信速度急剧缩短。然而，转账仍需要数日（现阶段，SWIFT 正在开发区块链）。

### 3. 证券交易（股票交易等）的结算

证券交易如图 B-3 所示。下列说明来自日本交易所集团的《了解投资、学习投资》。

市场上可以将买卖成立到结算完成的过程分为"买卖""清算""结算"三个阶段。

（1）买卖

投资人买卖股票并非在东京证券交易所（以下简称"东证"）等场所直接下订单，而是通过证券公司下订单。接受订单的证券公司，会即刻将该订单转送到东证。

东证会按照交易品种将买卖订单集中放在订单预备板上，并根据一定的规则促成交易。假如买卖交易成立，该交易内容会被即刻汇报给出订单的证券公司，然后再由证券公司报告给投资人。

（2）清算（Clearing）

复杂的是清算及结算机制。

交易成立时，购买股票的人支付钱款接收股权，卖出股票的人让渡股权接收钱款。

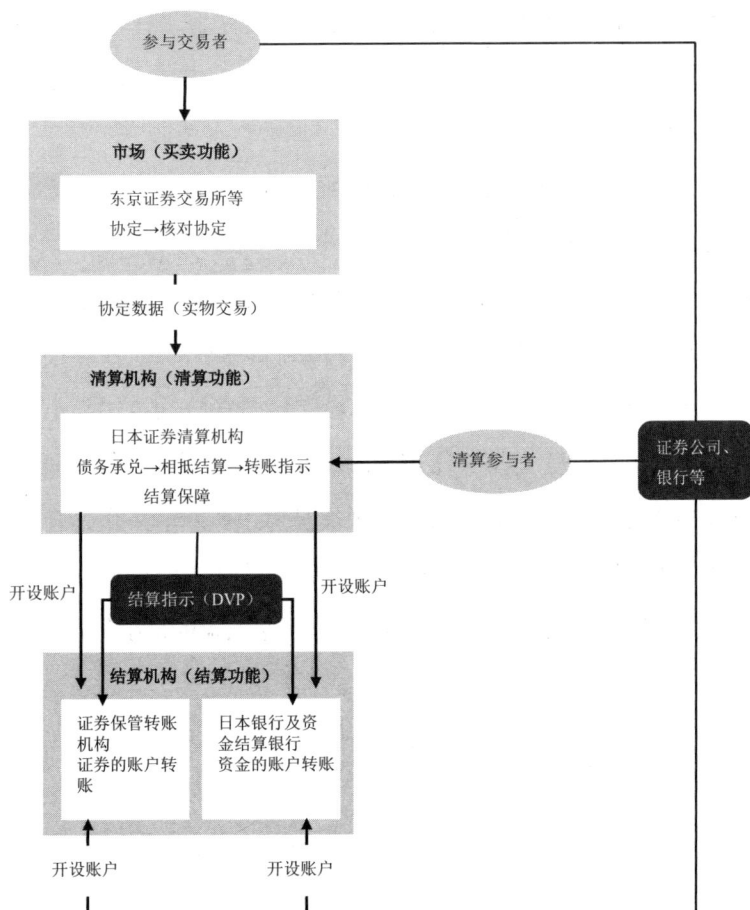

图 B-3　股票的买卖、清算、结算

资料：基于日本交易所集团"买卖、清算、结算的功能分担"制成

交易合同及结算不能同时进行。东证通常在交易日的 3 个工作日后进行交易结算（例如，周一的交易结算将在该周四进行）。

仅股票这一项，东证一日的交易量就能达到数百万件。由于交易量大，无法实现每件交易都能在当事人之间进行结算，因此导入了"相抵结算"方式。

某结算日的证券公司的某个品种交易，通过抵消买卖股票数计算减去的股票数。不与交易对手进行交割，而是与被称为"日本证券清算机构（JSCC）"的清算机构进行交割。

（3）结算（Settlement）

某结算日的证券公司的交易，抵消所有的卖出货款与买入货款来算出减去的金额，并与JSCC进行该项货款的交割。

证券公司在"证券保管转账机构"（hofuri）设立账户，每次结算都要按照JSCC的指令，并在JSCC账户与证券公司等的账户间进行股权过户。

证券交易导入了"DVP"（DeliveryVersusPayment）方法。该方法指的是在证券交割（Delivery）与资金支付（Payment）中，只要一方不履行，另一方也可以不履行。该机制的目的是实现交易对手风险最小化，避免一方已交割资金（或证券），却无法取得对方等价的证券（或资金）。

清算机构利用该机制的目的是实现交易对手风险的最小化。

# 参考文献

参考文献列表复制的是"野口悠纪雄 online" http://office.noguchi.co.jp/archives/3440。打开该网页，无须输入 URL，点击就能轻松打开链接。

### 前言

［1］Not Within a Thousand Years

http://www.wright-brothers.org/History_Wing/wright_Story/Inventing_the_Airplane/Not_Within_A_Thousand_Years/Not_Within_A_Thousand_Years.htm

［2］The Goldman Sachs Group, Inc. , *Goldman Sachs Global Investment Research*, "All About Bitcoin", March11, 2014.

http://quibb.com/links/pdf-full-goldman-sachs-report-on-bitcoin/view

［3］野口悠纪雄：《虚拟货币革命》，DIAMOND 出版社，2014。

### 序章　区块链引发地壳变动

［1］参照前述《虚拟货币革命》第 2 章的第 4 节。

［2］Ethereum、项目的官方网站 http://www.ethereum.org/

［3］比如，存在以下网页。

"Banking Is Only The Start: 20 Big Industries Where Blockchain Could Be

Used."

http://www.cbinsights.com/blog/industries–disrupted–blockchain/

"How Blockchain Technology Is Disrupting Everything."

http://techdayhq.com/news/how–blockchain–technology–is–disrupting–every-thing

"Top 100 Blockchain Organisations"

http://richtopia.com/top–lists/top–100–blockchain

"The Top 10 Blockchain Startups to Watch in 2016."

http://medium.com/the–intrepid–review/the–top–10–blockchain–startups-to–watch–in–2016–the–leaders–who–are–changing–the–game–6195606b0d70#.jgdi8ql5q

Blockchain Companies, Blockchain Startup and Company List

http://www.blockchaintechnologies.com/blockchain–companies

5Bitcoin and Blockchain Startups to Watch in 2016

http://www.coindesk.com/5–bitcoin–blockchain–startups–watch–2016/

### 第1章　区块链革命的来临

［1］唐·塔普斯科特(Don Tapscott)、亚历克斯·塔普斯科特(Alex Tap-scott):《区块链革命:比特币底层技术如何改变货币、商业和世界》,胜木健太、高桥璃子译,Diamand 出版社,2016。

［2］Melanie Swan, *Blockchain: Blueprint for a New Economy*, Oreilly & Associates Inc., 2015.

［3］William Mougayar, *The Business Blockchain: Promise, Practice, and Application of the Next Internet Technology*, Wiley, 2016.

［4］马渊邦美监修:《区块链的冲击》,日经 BP 社,2016。

［5］安德烈亚斯·安东诺普洛斯 (Andreas Antonopoulos)：《比特币与区块链：加密货币底层技术》，今井崇也、鸠贝淳一郎译，NTT 出版社，2016。

Bitnodes https://bitnodes.21.co/

［6］赤羽喜治、爱敬真生：《区块链：机制与理论》，Ric Telecom，2016。

［7］"The Size of the Bitcoin Blockchain Data Files Has Reached 60 GB."

http://cryptomining–blog.com/6397–the–size–of–the–bitcoin–blockchain–data–files–has–reached–60gb/

［8］"New Service Finds Optimum Bitcoin Transaction Fee."

www.coindesk.com/new–service–finds–optimum–bitcoin–transaction–fee/

［9］Blockchain

http://blockchain.info/stats

［10］Santander Innoventures, "The Fintech 2.0 Paper: rebooting financial services", p.14.

http://santanderinnoventures.com/wp–content/uploads/ 2015 / 06 /The–Fintech–2–0–Paper.pdf

［11］Goldman Sachs, "Putting Theory into Practice", May24, 20.

http://ja.scribd.com/doc/313839001/Profiles–in–Innovation–May–24–2016–1?referrer=clickid%3dwvu3mK2N9X1Ew4mxNdWhfzRQUkSXB6xyX10wT80&campaign=4417&partner=10079&ad_group=Online+Tracking+Link&source=impactradius&irgwc=1

［12］WEF, "The future of financial infrastructure, An ambitious look at how blockchain can reshape financial service", Aug.2016.

http://www3.weforum.org/docs/WEF_The_future_of_financial_infrastructure.pdf

〔13〕PwC："Technology Forecast：Blockchain and smart contract automa-tion"，2016 年 9 月。

http://www.pwc.com/jp/ja/japan-knowledge/thoughtleadership/blockchain.html

〔14〕经济产业省：《关于基于区块链技术服务的国内外动向调查》报告书概要资料，2016 年 4 月。

http://www.meti.go.jp/press/ 2016 / 04 /20160428003 /20160428003-1.pdf

〔15〕野村综合研究所：《关于基于区块链技术服务的国内外动向调查》，2016 年 4 月。

http://www.meti.go.jp/press/ 2016 / 04 /20160428003 /20160428003-2.pdf

〔16〕PwC，"Blurred lines: How FinTech is shaping Financial Services"，March 2016.

http://www.pwc.com/jp/ja/japan-press-room/2016/assets/pdf/fintech-sur-vey160315.pdf

## 第 2 章 区块链的应用：比特币的发展

〔1〕Bitcoin Wiki

https://en.bitcoin.it/wiki/Main_Page

〔2〕前述《比特币与区块链》。

〔3〕"Goldman Sachs Report Says Bitcoin Could Shape 'Future of Finance'"

http://www.coindesk.com/goldman-sachs-report-says-bitcoin-could-shape-Future-of-finance/

〔4〕"The economics of digital currencies"，Bank of England, *Quarterly Blletin*, 2014 Q3, Sept.2014.

http://www.bankofengland.co.uk/publications/Documents/quarterlybulle-tin/2014/qb14q3digitalcurrenciesbitcoin2.pdf

〔5〕BIS, "Digital currencies"，Nov.2015.

http://www.bis.org/cpmi/publ/d137.htm

［6］IMF. "Virtual Currencies and Beyond: Initial Considerations", Jan.2016.

https://www.imf.org/external/pubs/ft/sdn/2016/sdn1603.pdf

［7］Circle

https://www.circle.com/ja

［8］"You Can Now Send A Payment To Anyone In The World Via iMessage."

http://www.forbes.com/sites/laurashin/2016/09/13/you–can–now–send–a–pay-
ment–to–anyone–in –the–world–via–imessage/#1d281dbb685d

［9］"Bitwage Now Lets Any Employee Get Paid in Bitcoin."

http://www.coindesk.com/bitwage–now–lets–employee–get–paid–bitcoin/

Bitwage Launches International Bitcoin Payroll for US Employers

http://www.coindesk.com/bitwage–launches–international–bitcoin–pay-
roll–solution–us–employers/#

［10］"How HelloBit Plans to Become the Uber for Global Remittance."

http://www.coindesk.com/hellobit–wants–become–uber–global–remittance/

［11］"针对虚拟货币的资金决算法修正等的动向及课题"

http://fis.nri.co.jp/ja–JP/publication/kinyu_itf/backnumber/2016/07/201607_6.
html

［12］"UK national risk assessment of money laundering and terrorist financ-
ing," October 2015.

https://www.gov.uk/govenment/uploads/system/uploads/attachment_data/
file/468210/UK_NRA_October_2015_final_web.pdf

## 第 3 章 区块链的应用：银行也导入

［1］前述《虚拟货币革命》第 1 章。

［2］野口悠纪雄：《〈超〉信息革命将成为日本经济重生的王牌》，Diamond 出版社，2015 年（第 3 章）。

［3］关于德国银行对策的"华尔街日报在线"报道。

http://blogs.wsj.com/digits/2015/07/31/deutsche-bank-exploring-block-chain-uses/

［4］R3Consortium

http://r3cev.com/

［5］爱尔兰银行的对策

http://www.coindesk.com/bank-of-ireland-conducts-trade-reporting-trial-using-blockchain-tech/

［6］亚洲地区银行的对策

http://www.coindesk.com/7-asian-banks-investigating-bitcoin-and-block-chain-tech/

［7］《朝日新闻》（2016 年 2 月 1 日）

http://www.asahi.com/articles/ASJ1W4RWKJ1WULFA012.html

［8］"Tech Bureau 的区块链平台'mijin'在银行的第三方测试中证明了其适用于结算系统"

http://mijin.io/ja/602.html

［9］"住信 SBI、区块链实验取得成功"（《日本经济新闻》报道、2016 年 4 月 18 日）

http://www.nikkei.com/article/DGKKZO99766840Y6A410C1NN7000/

"Bitcoin News"（2016 年 4 月 16 日）

http://btcnews.jp/sumisin-sbi-netbk-succeed-blockchain-poc-for-banking/

http://www.fin-bt.co.jp/comment645.htm

［10］"转账'24 小时·性价比高'竞争 横滨银行及住信 SBI 等的联合体"

http://www.nikkei.com/article/DGXLASGC18H0M_Y6A810C1EA2000/

［11］"三菱东京 UFJ 将发行自己的虚拟货币 明年秋天面向大众发行"

http://digital.asahi.com/articles/ASJ69566CJ69UHBI00V.html

［12］PwC :《Blockchain and smart contract automation : 是私有区块链，还是公有区块链，还是二者兼具？》

http://www.pwc.com/jp/ja/japan-knowledge/archive/assets/pdf/4th-private-blockchain-public-blockchain.pdf

［13］UsageFAQ – Hyperleder Fabric, "What are the expected performance figures for the fabric?"

https://www.hyperleder-fabric.readthedocs.io/en/latest/FAQ/usage_FAQ/

［14］"How is Hyperleder different than Ripple?"

https://www.quora.com/How-is-Hyperleder-different-than-Ripple

［15］英格兰银行的报告

"The economics of digital currencies,Quarterly Bulletin", September 2014.

http://www.bankofengland.co.uk/publications/Documents/quarterlybulletin/2014/qb14q302.pdf

［16］英格兰银行的报告

"One Bank Research Agenda", Feb. 2015.

http://www.bankofengland.co.uk/research/Documents/onebank/discussion.pdf

［17］英格兰银行的虚拟货币相关报告列表

http://www.bankofengland.co.uk/banknotes/Pages/digitalcurrencies/default.aspx

［18］"The macroeconomics of central bank issued digital currency," July 2016.

http://www.bankofengland.co.uk/research/Documents/workingpapers/2016/swp605.pdf

［19］关于荷兰银行的年度报告书

http://www.coindesk.com/dutch-central-bank-to-create-dnbcoin-prototype/

［20］韩国银行单独发行虚拟货币的计划

http://www.coindesk.com/report-south-korea-central-bank/

［21］"数字货币"的特征及国际讨论

http://www.boj.or.jp/research/wps_rev/rev_2015/data/rev15j13.pdf

［22］关于中央银行发行数字货币——海外讨论及测试

http://www.boj.or.jp/research/wps_rev/rev_2016/data/rev16j19.pdf

### 第4章　区块链的应用：证券业发生革命性变化

［1］"Nasdaq Linq Enables First-Ever Private Securities Issuance Document-ed With Blockchain Technology."

http://ir.nasdaq.com/releasedetail.cfm?releaseid=948326

［2］纳斯达克采取的对策：WSJ 的报道

http://www.wsj.com/articles/a-bitcoin-technology-gets-nas-daq-test-1431296886

［3］纳斯达克采取的对策：FT 的报道

http://www.ft.com/intl/cms/s/0/eab49cc4-af18-11e5-b955-1a1d298b6250.html#axzz46dLZ0btG

［4］"日本交易所集团与 IBM 日本分部合作开展测试"

http://www.jpx.co.jp/corporate/news-releases/0010/20160216-01.html

［5］IBM：《区块链技术应用于金融业务时的注意事项》（2016 年 3 月 17 日）

https://www.boj.or.jp/announcements/release_2016/data/rell60413b5.pdf

［6］Hyperledger

https://www.hyperledger.org/

［7］日本交易所集团综合策划部新事业推进室：《关于将分布式账簿技

术应用于金融市场基础设施的可能性》（2016 年 8 月 30 日）

http://www.jpx.co.jp/corporate/research-study/working-paper/tvdivq0000008q5y-att/JPX_working_paper_No15.pdf

［8］韩国证券交易所

http://www.coindesk.com/korean-securities-exchange-developing-blockchain-trading-system/

［9］加拿大多伦多证券交易所

http://www.coindesk.com/toronto-stock-exchange-moves-toward-blockchain-with-ethereum-founder-hire/

［10］瑞穗银行、富士通、富士通研究所的举措

http://www.mizuhobank.co.jp/release/pdf/20160308release_jp.pdf

［11］Symbiont

［12］美国的证券交易委员会（SEC）承认通过互联网发行的证券

http://www.wired.com/2015/12/sec-approves-plan-to-issue-company-stock-via-the-bitcoin-blockchain/

［13］"Blockchain in Insurance — Opportunity or Thareat, McKinsey Report Weighs Blockchain Impact on Insurance Industry."

http://www.coindesk.com/mckinsey-report-blockchain-insurance-impact/

［14］"Want to get an insurer's attention? Just say blockchain."

https://www.willistowerswatson.com/en/insights/2016/06/want-to-get-an-insurers-attention-just-say-blockchain

［15］"Blockchain technology as a platform for digitization, Implications for the insurance industry."

http://www.ey.com/Publication/vwLUAssets/EY-blockchain-technology-as-a-platform-for-digitization/$FILE/EY-blockchain-technology-as-a-platform-for-digitization.pdf

［16］"Blockchain Insurance Start-Up SafeShare Launches First Blockchain Insurance Solution with Vrumi."

http://www.the-blockchain.com/2016/03/17/blockchain-insurance-start-up-safeshare-launches-first-blockchain-insurance-solution-with-vrumi/

［17］"SafeShare Releases First Blockchain Insurance Solution For Sharing Economy."

http://www.econotimes.com/SafeShare-Releases-First-Blockchain-Insurance-Solution-For-Sharing-Economy-181326

## 第 5 章　传统技术型 Fintech（金融科技）及其局限

［1］Accenture：《金融科技 走向金融维新》，日本经济报社，2016 年 6 月。

［2］*Wall Street Journal*，"The Billion Dollar Startup Club"．

http://graphics.wsj.com/billion-dollar-club/

［3］Accenture．：《Fintech 与银行的未来画像》2015 年

https://www.accenture.com/jp-ja/~/media/Accenture/jp-ja/Documents/Dot-Com/Accenture-future-fintech-banking-jp2

［4］Accenture 统计的全球金融科技类企业募集到的投资额报告概要

https://www.accenture.com/jp-ja/insight-fintech-evolving-landscape

报告原文

https://www.accenture.com/t20160627T031500__w__/jp-ja/_acnmedia/Accenture/jp-ja/Documents/DotCom/Accenture-Fintech-Evolving-Landscape-jp-ver3.pdf

［5］Accenture：《金融科技、发展中的市场环境：对日本市场的启示》，2016 年。

https://www.accenture.com/jp-ja/~/media/Accenture/jp-ja/Documents/Dot-Com/Accenture-Fintech-Evolving-Landscape-jp.pdf

［6］"2015 Fintech 100"

http://www.fintechinnovators.com

［7］"2016 Fintech 100"

https://h2.vc/reports/fintechinnovators/2016


## 第 6 章　区块链将如何改变货币和金融

［1］Lightning Network

https://lightning.network/

［2］"McKinsey warns banks face wipeout in some financial services", *The Financial Times*, September30, 2015.( 金融时报关于 "McKinsey Global Banking Annual Review 2015" 的评论 )

http://www.ft.com/cms/s/0/a5cafe92–66bf–11e5–97d0–1456a776a4f5.htm

［3］PwC：《暧昧的境界：金融科技将如何构建金融服务》（ "Blurred lines: How Fintech is shaping Financial Services." ）

http://www.pwc.com/jp/ja/japan–knowledge/archive/assets/pdf/fintech–fi-nance1607.pdf

［4］前述《虚拟货币革命》第 5 章第 3 节。

［5］《货币改革——对冰岛更有益的货币制度》

http://frostis.is/wp–content/uploads/Monetary–Reform–Japanese–Translation.pdf

［6］"How low can you go?" – speech by Andrew Haldane, 18 September 2015.

http://www.bankofengland.co.uk/publications/Pages/speeches/2015/840.aspx


## 第 7 章　区块链的应用：事实证明

［1］Akerlof, G，(1970), "The market for lemons: quality uncertainty and the market mechanism", *Quarterly Journal of Economics* 84(3): 488–500.

［2］Estonian e–Residency

https://e–estonia.com/e–residents/about/

［3］"How to stay in － manage an EU company from the UK."

http://www.howtostayin.eu/

［4］"One way to get around Brexit: Become an e–resident of Estonia."

http://qz.com/736004/one–way–to–get–around–brexit–become–an–e–resi-
dent–of–estonia/

［5］"Sweden tests blockchain technology for land registry."

http://www.reuters.com/article/us–sweden–blockchain–idUSKCN0Z22KV

［6］Proof of Existence

https://en.wikipedia.org/wiki/Proof_of_Existence

［7］Factom

http://factom.org/

http://www.factom.jp/

［8］EverLedger

http://www.everledger.io/

［9］Autobacs Seven

http://www.Autobacs.co.jp/images/data/news/2016/08/09/14leeH.pdf

［10］DigixGlobal

http://www.dgx.io/

［11］"Blockchain in healthcare getting a lot of attention."

http://searchhealthit.techtarget.com/news/450303012/Blockchain–in–health-
care–getting–a–lot–of–attention

［12］http://www.sony.co.jp/SonyInfo/News/Press/201602/16–0222/

［13］Learning is Earning 2026.

http://www.youtube.com/watch?v=DcP78cLPGtE&feature=youtu.be

[14] "Recruit Technologies Applies Blockchain Technology to the HR Industry Through Strategic Alliance with ascribe."

http://www.ascribe.io/annoucements/recruit–technologies–applies–blockchain–technology–to–the–hr–industry–through–strategic–alliance–with–ascribe/

## 第 8 章 区块链的应用：IoT（物联网）

[1] IBM Whitepaper, "Device democracy: Saving the future of the Internet of Things", January 7, 2015.

http://www–01.ibm.com/common/ssi/cgi–bin/ssialias?infotype=PM&subtype=XB&htmlfid=GBE03620USEN#loaded。

[2] 关于上述评论

http://www–06.ibm.com/jp/press/2015/03/3102.html

http://www.coindesk.com/ibm–reveals–proof–concept–blockchain–powered–internet–things/

[3] Adept

http://ja.scribd.com/doc/252917347/IBM–ADEPT–Practictioner–Perspective–Pre–Publication–Draft–7–Jan–2015

[4] 经济产业省，《区块链（分布式账簿）、面向共享经济带来的的新产业社会》。

http://www.meti.go.jp/committee/sankoushin/shojo/johokeizai/bunsan_senryaku_wg/pdf/004_02_00.pdf

[5] Trans Active Grid

http://transactivegrid.net/

### 第9章　分布式自律组织和分布式市场已诞生

［1］Ethereum, "White Paper".

https://github.com/ethereum/wiki/wiki/White-Paper

［2］STATE OF THE DAPPS

http://dapps.ethercasts.com/

［3］PwC：《区块链及智能合约自动化：智能合约如何实现电子商务的自动化？》2016 年。

http://www.pwc.com/jp/ja/japan-knowledge/archive/assets/pdf/5th-smartcontract-digital-business.pdf

［4］Slock.it

https://slock.it/

［5］La' Zooz

http://lazooz.net/

［6］"App lets you share rides, make money, change the world."

http://www.timesofisrael.com/app-lets-you-share-rides-make-money-change-the-world/

［7］"This Israeli Ride-Sharing App Is the Utopian, Hippie Uber."

https://www.bloomberg.com/news/articles/2015-09-16/this-israeli-ride-sharing-app-is-the-utopian-hippie-uber

［8］Colony

https://colony.io/

［9］DigixDAO｜Digix Global

https://www.dgx.io/dgd/

［10］digix

http://bit-economy.news/digix/

［11］OpenBazaar

https://openBazaar.org/

[12] Factom

http://www.factom.jp/

https://www.factom.com/

[13] Storj

https://storj.io/

[14] PwC:《区块链及智能合约自动化：智能合约如何实现电子商务的自动化？》，2016 年。

http://www.pwc.com/jp/ja/japan-knowledge/archive/assets/pdf/5th-smartcontract-digital-business.pdf

[15] Decentralized Prediction Markets | Augur Project

https://www.augur.net/

[16] "The power of prediction markets"

http://www.nature.com/news/the-power-of-prediction-markets-1.20820

[17] Prediction Markets (*Journal of Economic Perspectives*)

http://www.consensuspoint.com/wp-content/themes/radius/whitepapers/Economic_Perspectives.pdf

[18] "Designing Markets for Prediction"

https://www.aaai.org/ojs/index.php/aimagazine/article/viewFile/2313/2179

[19] Gnosis

http://www.gnosis.pm/

[20] BitShares

[Whitepaper] "BitShares2.0: Financial Smart Contract Platform"

docs.bitshares.eu/_downloads/bitshares-financial-platform.pdf

[21] Openledger

"White Paper: The Decentralized Conglomerate"

http://www.ccedk.com/dc/white-paper

［22］"Fintech 2015: Top 100 Influencers and Brands"

http://www.onalytica.com/blog/posts/fintech-2015-top-100- influenc-ers-and-brands/

［23］*Newsweek*（日本版，2017 年 7 月 4 日）

《虚拟货币的投资基金"The DAO"将改变市场规则》

http://www.newsweekjapan.jp/stories/world/2016/07/the-dao.php

［24］DAO whitepaper - Slock.it

http://download.slock.it/public/DAO/WhitePaper.pdf

［25］The DAO

Christoph Jentzsch, "The History of the DAO and Lessons Learned", Aug.24.

http://blog.slock.it/the-history-of-the-dao-and-lessons-learned-d06740f8c-fa5#.skxhu9rpe

## 第 10 章　分布式自律组织将创造怎样的未来

［1］Vitalik Buterin, "DAOs, DACs, Das and More: An Incomplete Terminol-ogy Guide", May 6th, 2014.

http://bitcoinist.net/secure-dao-for-online-marketplace-launces-mas-sive-crowdsale/

［2］野口悠纪雄：《〈2040 年的问题〉1500 万劳动人口将消失：劳动力减少及财政破产引发日本垮台》，Diamond 出版社，2015 年。

［3］J.K.Galbraith：《新型产业国家》，都留重人、石川通达、铃木哲太郎、宫崎勇译，河出书房新社，1968 年。

［4］PwC：《区块链及智能合约自动化：智能合约如何实现电子商务的自动化? 》，2016 年。

http://www.pwc.com/jp/ja/japan-knowledge/archive/assets/pdf/5th-smartcontract–digital–business.pdf

### 终章　我们能够重塑怎样的社会

［1］Ronald H. Coase, "The Nature of the Firm", Economica 386, 1937.

［2］托马斯·L.弗里德曼 (ThomasL. Friedman)：《世界是平的》，伏见威蕃译，日本经济新闻社，2006 年。

［3］丹尼尔·平克 (Daniel H.Pink)：《Free Agent Nation: The Future of Working for Yourself（自由职业国家：为自己工作的未来）》，池村千秋译，Diamond 出版社 , 2002 年。

［4］Chrystia Freeland：《全球超级富豪》，中岛由华译，早川书房，2013 年。

［5］crowdjury. Whitepaper

https://medium.com/the–crowdjury/the–crowdjury–a–crowdsourced–court–system–for–the–collaboration–era–66da002750d8#.aeycvekw4

［6］Robin Hanson. Futarchy: Vote Values, But Bet Beliefs.

http://mason.gmu.edu/~rhanson/futarchy.html

［7］Vitalik Buterin, "AnIntroduction to Futarchy", Ethereum Blog, August21, 2014.

［8］Follow My Vote

http://followmyvote.com/

### 补论 B　当今结算系统概要

［1］全银网

http://www.zengin–net.jp/

［2］全银协：《结算系统等的策划及运营》

http://www.zenginkyo.or.jp/abstract/efforts/system/gaitame/

http://www.zenginkyo.or.jp/abstract/efforts/system/zengin-system/

［3］日本交易所集团：《了解投资、学习投资》

http://www.jpx.co.jp/learning/basics/equities/06.html

http://www.jpx.co.jp/clearning-settlement/outline /index.html

图书在版编目（CIP）数据

区块链革命：分布式自律型社会出现 /(日) 野口悠纪雄 著；韩鸽 译. — 北京：东方出版社，2018.1
ISBN 978-7-5060-9968-4

Ⅰ.①区… Ⅱ.①野…②韩… Ⅲ.①电子商务－支付方式－研究 Ⅳ.①F713.361.3

中国版本图书馆CIP数据核字（2017）第293683号

本书中文简体字版权由汉和国际（香港）有限公司代理
中文简体字版专有权属东方出版社
著作权合同登记号 图字：01-2017-4372

区块链革命：分布式自律型社会出现
（QUKUAILIAN GEMING FENBUSHI ZILÜXING SHEHUI CHUXIAN）

作　　者：[日]野口悠纪雄
译　　者：韩　鸽
责任编辑：陈丽娜　刘　峥
出　　版：东方出版社
发　　行：人民东方出版传媒有限公司
地　　址：北京市东城区东四十条113号
邮　　编：100007
印　　刷：三河市金泰源印务有限公司
版　　次：2018年1月第1版
印　　次：2018年11月第3次印刷
开　　本：710毫米×1000毫米　1/16
印　　张：14.75
字　　数：115千字
书　　号：ISBN 978-7-5060-9968-4
定　　价：58.00元
发行电话：（010）85924663　85924644　85924641

版权所有，违者必究

如有印装质量问题，我社负责调换，请拨打电话：（010）64023113